AF556543

GOTTFRIED EGGER OFM

HL. ANTONIUS VON PADUA

GOTTFRIED EGGER OFM

HL. ANTONIUS VON PADUA

media
maria

Bibliografische Information: Deutsche Nationalbibliothek.
Die deutsche Nationalbibliothek verzeichnet diese Publikation in der Deutschen Nationalbibliografie; detaillierte bibliografische Daten sind im Internet über http://dnb.ddb.de abrufbar.

Titelbild auf dem Umschlag: Kapelle St. Antonius von Padua in Altbüron
Die Muttergottes überreicht dem hl. Antonius das Jesuskind (Ausschnitt vom Hochaltargemälde)
© Foto: Stephan Kölliker, Ruswil
mit freundlicher Genehmigung des Kunstverlags Josef Fink, Lindenberg

HL. ANTONIUS VON PADUA
Gottfried Egger OFM
Media Maria Verlag, 1. Auflage 2013
© Copyright 2013 by Media Maria Verlag, D-89257 Illertissen
Alle Rechte vorbehalten
Satz: SATZstudio Josef Pieper, Bedburg-Hau
Printed in Germany
ISBN 978-3-9815698-6-5

www.media-maria.de

INHALT

GELEITWORT

Wenn Du in Padua nicht Gehör findest, dann geh zum heiligen Antonius nach Kaltern – so lautet eine alte Tiroler Volksweisheit. Gemeint ist das Gnadenbild des Antonius in der Franziskanerkirche im Südtiroler Kaltern.

Wie kaum eine andere Heiligengestalt hat Antonius von Padua auch heute noch seine Freunde und Verehrer. Oft sind es gerade solche, die sich selber kaum mehr als praktizierende Christen bezeichnen würden. Eine besondere Begebenheit, ein Detail aus der persönlichen Biografie oder einfach ein schlichtes Vertrauen verbindet viele mit dieser zeitlosen Gestalt. Mitbrüder aus fernen Ländern und Kulturen erzählen immer wieder, dass sogar Angehörige anderer Konfessionen und Religionen den Weg zu Wallfahrtsorten des heiligen Franziskaners mit dem Jesuskind auf dem Arm und der Lilie in der Hand finden.

Was aber macht die große Faszination des heiligen Antonius eigentlich aus?

P. Gottfried Egger OFM von der Schweizer Franziskanerkustodie versucht, uns im vorliegenden Buch den Heiligen, ausgehend von seiner persönlichen Beziehung, näherzubringen. Hinter dem Klischee des mehr oder weniger „funktionierenden" Wundertäters werden uns die historische Person, sein Glaubensweg und seine Christusnachfolge auf den Spuren des heiligen Franz von Assisi neu erschlossen.

Ich darf allen Lesern eine besondere Begegnung mit dem heiligen Antonius von Padua wünschen und P. Gottfried Egger für seine literarische Arbeit danken!

P. Oliver Ruggenthaler OFM
Provinzial
Franziskanerkloster Salzburg, im November 2012

MEIN BRIEF

Lieber Bruder Antonius,
ich schreibe ein Buch über Dich. Aber ich kann es nicht beginnen, ohne mich vorher direkt an Dich zu wenden. Du weißt, dass ich seit meiner Kindheit mit Dir verbunden bin. Wenn ich irgendetwas verloren hatte, keinen Ausweg mehr wusste, ging ich oft vor Dein Bild, das in unserem Wohnzimmer hing, und klagte Dir meine Not. Du hast mir immer geholfen. Dafür kann ich Dir noch heute nicht genug danken. Damals ging der Dank in der Freude über das Gefundene verloren.

Mit dreizehneinhalb Jahren kam ich ins Franziskanerseminar *Collège S. Antoine* („Antonius-Konvikt") nach Pensier im Kanton Freiburg. Du warst unser Haus- und Kirchenpatron. In der Internatskapelle hatte Deine Statue mit Evangelienbuch und Jesuskind im Presbyterium einen Ehrenplatz inne. Beim Seitenaltar, wo eine besonders wertvolle Reliquie von Dir aufbewahrt wurde, konnten wir ein Gemälde bewundern, das Deine Fischpredigt am Strand von Rimini darstellt. Jeden Dienstag beteten oder sangen wir den lateinischen Hymnus *Si quaeris miracula*[1].

[1] *Si quaeris miracula* („Wenn du Wunderzeichen suchst"). Dieses Responsorium zu Ehren des heiligen Antonius von Padua wurde von Bruder Julian von Speyer OFM komponiert (s. Anhang).

Der Priester erteilte danach den Segen mit Deiner Reliquie.

Am 13. Juni wurdest Du bei uns ganz besonders gefeiert. Dies war ein schulfreier Tag. Nach dem Festgottesdienst und dem festlichen Mittagsmahl gab es zu Deinen Ehren die verschiedensten Darbietungen. Es war geradezu eine „Festakademie" von uns Studenten. Sogar die Studentenmusik brachte große Feststimmung ins Antonius-Konvikt. Bestimmt hattest Du daran Deine helle Freude.

Eine besondere Gnade war für mich der Tag meiner Priesterweihe am 29. August 1981 in Zürich, in der Kirche, die Dir geweiht ist. Es war in Deinem Jubiläumsjahr, 750 Jahre nach Deinem Heimgang. In dieser Kirche sind die verschiedenen Szenen Deines Lebens von Kunstmaler Fritz Kunz[2] dargestellt.

Als Franziskaner und Theologiestudent kam ich für ein Jahr an unsere Ordenshochschule nach Rom, die nach Dir benannt ist. Die Basilika und das *Collegio S. Antonio* an der Via Merulana haben eine besondere Anziehung auf die Bevölkerung Roms. Viele Leute kommen zum Sakramentenempfang in Deine Basilika, aber ebenso an die Pforten des Klosters, um das *Pane di Sant' Antonio,* das „Antonius-Brot", zu bekommen, mit dem täglich viele Arme gespeist werden.

---

[2] Der Künstler Fritz Kunz (1868–1947) gehört zu den bedeutendsten Kirchenmalern der Deutschschweiz in der ersten Hälfte des 20. Jahrhunderts Die Bilder in der Antoniuskirche Zürich schuf er im Jahr 1919.

Gerade in Italien bin ich Dir, dem *Santo* aus Portugal, immer nähergekommen. Hier wurde ich Zeuge, wie sehr die Südländer Dich, den Südländer, lieben. In der Kirche *San Nicola in Carcere* beim Circo Massimo, wo ich täglich die heilige Messe feierte, sah ich immer wieder vor dem Gottesdienst einen kleinen Mann, der ohne irgendwelche Kniebeuge in die Kirche hereinkam und schnurstracks in die Seitenkapelle zu Deiner Statue hineilte. Es folgte dann ein ganz eigenes Ritual. Der Mann begann, Dich mit seinen Händen von Kopf bis Fuß zu berühren. Er war dabei so vorsichtig und zärtlich, dass seine Berührungen wie Küsse wirkten. Kaum war er bei Deinen Füßen angelangt, verließ er nach einer Halbkniebeuge vor Dir beinahe fluchtartig das Gotteshaus. Mich brachte dieser Mann jedes Mal zum Schmunzeln. Dich wohl auch!

Zu Deinem Fest am 13. Juni 1982 wurde ich von den Mitbrüdern des Klosters *Teano* bei Neapel eingeladen. Du bist dort der Kloster- und Kirchenpatron. Deine geschmückte Statue wurde durch die Straßen und Gassen der Stadt getragen. Die Gläubigen sangen zu Deiner Ehre volkstümliche Lieder. Danach wurden Böllerschüsse abgefeuert. Nach jeder Salve ein riesiger Applaus mit *Eviva Sant' Antonio, Eviva!!*

Du bist ein Heiliger des Volkes. Alle mögen Dich. Das wurde mir schon unzählige Male bestätigt. Du bist wirklich ein Heiliger, der allen gehört. Auch wenn einer in Dingen der Kirche nicht so enthusiastisch ist, ruft er Dich an, wenn er irgendetwas verloren hat, sei es einen Regenschirm oder, was schwerer wiegt, die Hausschlüssel. Immer dann erinnert er sich, dass es Dich, den Heiligen, gibt, der als Finder verlorener Sachen geradezu weltberühmt geworden ist.

Kürzlich traf ich im Spital in Glarus eine reformierte Patientin. Sie erklärte mir: „Wissen Sie, Herr Pater, ich habe eine große Verehrung für den heiligen Antonius. Der hilft mir immer und das schon seit jungen Jahren. Ich bin aber nicht katholisch." Ja, aus dem bosnischen Raum wird sogar erzählt, dass Dich selbst die Muslime verehren. In Albanien wirst du einfach „Heiliger für alle" genannt. Du warst das zu Lebzeiten und bist es nun von der himmlischen Herrlichkeit aus für die ganze Welt. Aus diesem Grund nannte Dich Papst Leo XIII. im vorletzten Jahrhundert spontan: „Heiliger der ganzen Welt".

Es scheint geradezu, als ob Du die Menschen beten lehren möchtest! Oft aber begnügst Du Dich nicht einfach mit einem hergesagten Gebet, sondern möchtest vielmehr zu einer inneren Umkehr anleiten. Dazu dienen Werke der Barmherzigkeit. In Deinen Predigten kommst Du ja immer wieder auf die Gottesliebe und die Nächstenliebe zu sprechen. Da heißt es unter anderem: „Mitleid hat seinen Namen von Mitfühlen mit fremdem Leid. Mitleid heißt es, weil es des Menschen Herz mit Leid und Betrübnis über fremdes Leid erfüllt."[3]

---

3 Sophronius Clasen, *Lehrer des Evangeliums*, Werl 1954, 77.

Gerade Dein Leben und Dein Beispiel zeigen Dich als einen Menschen mit einem mitfühlsamen und liebenden Herzen. Hilf uns Heutigen, die wir in unserer manchmal so lieblosen Welt besonders in der Liebe so angefochten sind.

In der Kunst trägst Du meist ein Evangelienbuch und das Jesuskind auf Deinen Armen. Möchte es uns nicht ermutigen, immer wieder im Wort Gottes Wegweisung zu suchen und zu finden, wie Du es getan hast? Das Kind auf Deinem Schoß möge uns stets zur Liebe zu Gott und zu unseren Nächsten ermuntern. Und falls wir diese Liebe einmal verlieren sollten, dann bitte ich Dich, den Wiederbringer verlorener Dinge, uns zu helfen, diese Liebe zu Gott und zu unseren Nächsten wiederzufinden.

Dein Mitbruder aus dem Franziskanerkloster Näfels/ Schweiz
Bruder Gottfried OFM
Im Mai 2013, in Deinem Jubiläumsjahr, 750 Jahre nach dem Wiederauffinden Deiner nicht verwesten Zunge (1263–2013).

FERNANDO AUS LISSABON

Wir kennen ihn als „Antonius von Padua". Folgt man der Namensgebung in unserem Orden, müsste er aber „Antonius von Lissabon" heißen. So ist es seit vielen Jahrhunderten Brauch gewesen: Namen und Herkunftsort bestimmten den Ordensnamen.

Antonius wurde Ende des 12. Jahrhunderts als Fernando Martim de Bulhões e Taveira Azevedo in Lissabon geboren. Das genaue Geburtsjahr ist unbekannt. Manche meinen, es sei das Jahr 1190 gewesen. Im *Liber miracolorum*[4] („Das Buch der Wunder") aus der Mitte des 14. Jahrhundert steht, Antonius sei sechsunddreißig Jahre alt geworden. Das Todesdatum ist sicher: Antonius starb am 13. Juni 1231. Wenn die Altersangabe stimmt, ist das Geburtsjahr folglich das Jahr 1195.

Auch im Blick auf den Geburtstag ist man auf Überlieferungen angewiesen. Taufen wurden erst seit dem Trienter Konzil in ein Pfarrregister aufgenommen. Eine fromme Überlieferung gibt den 15. August, den Liebfrauentag, als Geburtstag an. Die Glocken der benachbarten Kathedrale, die der Himmelfahrt Mariens geweiht ist, kündeten nach dieser

[4] Das *Liber Miraculorum* ist im 14. Jahrhundert entstanden (vgl. weitere Ausführungen im Anhang).

Tradition die Geburt des Kindes an, das später „Wundertäter von Padua“ genannt wurde.

Die Eltern, Martim de Bulhões und Maria Teresa Taveira Azevedo, nannten ihr Kind *Fernando* („Ferdinand“). Dieser Name wurde zum Programm für den späteren Heiligen, denn *Fernando* heißt „Friedenskämpfer“.

Lissabon lag damals friedlich eingebettet auf stufenweise absteigenden Hügeln am Fluss Tejo. Noch war es nicht die Hauptstadt Portugals. Auch war es nicht so anmutig wie heute. Oberhalb der Stadt hat man auch heute einen wunderbaren Rundblick über das atlantische Meer. Das gab ihr damals eine besondere strategische Bedeutung. In den letzten Jahren des 12. Jahrhunderts war Lissabon ein befestigter Stützpunkt. Mehr als ein Jahrhundert lang kämpften die Portugiesen um die Befreiung von der muslimischen Herrschaft. Stück um Stück wurde das verloren gegangene Land zurückerobert. Lissabon wurde im Jahre 1147 mithilfe von Kreuzrittern aus dem Norden, aus Deutschland und Frankreich, befreit. Viele ließen sich danach am schönen Tejo nieder.

Zu ihnen gehörte auch Martim de Bulhões[5], der Vater des Heiligen. Er war einer der Ritter von König Alfons I. Aufgrund seiner adeligen Herkunft war Dom Martim mit vielen reichen Gütern belehnt worden. Es gibt sogar Überlieferungen, die die Familie für Nachkommen des berühmten Gottfried von

---

[5] *Assidua, Das Leben des heiligen Franziskus von einem Zeitgenossen erzählt*, Würzburg 1985. In der Assidua, 2, als Fußnote so angegeben.

Bouillon, dem Anführer des ersten Kreuzzuges nach Jerusalem, halten.

Die Eltern, Martim de Bulhões und Maria Teresa Taveira Azevedo, waren gute und fromme Menschen. Sicher nahmen sie ihren Sohn schon früh in die nahe gelegene Kathedrale mit. Ob sie das Kind dabei der Gottesmutter Maria geweiht haben? Gehen die Wurzeln der großen Liebe des Heiligen zur Mutter Jesu bereits darauf zurück? Wir wissen es nicht.

Fernandos Familie war adelig. Der Sohn genoss dementsprechend alle Privilegien seiner Klasse. Dazu gehörte eine gute Schulbildung. Alle Mitschüler Fernandos stammten aus begüterten und adeligen Häusern. Zur üblichen Ausbildung eines vornehmen Rittersohns gehörten Fechten und Reiten, aber selbstverständlich auch die Grundregeln der Ehrenhaftigkeit und Höflichkeit. Welche Träume Ritter Martin für die Zukunft seines Sohnes hatte, wissen wir nicht. Möglicherweise hoffte er, seinen Erstgeborenen zu einem ebenso tüchtigen Ritter heranzubilden, wie er selbst einer war.

Ein Onkel, dessen Name uns unbekannt ist, war Regularkanoniker[6] an der Kathedrale von Lissabon.

---

[6] Bereits im 4. Jahrhundert begannen in Italien, Frankreich und Nordafrika einige Bischöfe zusammen mit Priestern ein Leben in Gemeinschaft und Apostolat zu führen. Ihr Leben wurde durch Regeln oder *Canones* geordnet, sodass sich ihre Lebensweise von der der Weltpriester unterschied. Einer der Repräsentanten war Augustinus (Augustiner). Später war es Norbert von Xanten, der 1125 in Prémontré in Nordfrankreich eine Gemeinschaft gründetete, die sich streng an die Augustinerregel hielt: Gemeinschaftsleben und Seelsorge. Nach

Er förderte seinen Neffen und führte ihn in die Geisteswissenschaften ein. Der Student konnte die bischöfliche Schule[7], die der Kathedrale angeschlossen war, besuchen. Sein Onkel hatte sicher einen prägenden Einfluss auf den Heranwachsenden, gerade auch hinsichtlich seines künftigen Studiums.

Zu den Aufgaben der jungen Scholaren gehörten Altar- und Gesangsdienst in der Kathedrale. Auf diese Weise hatte Fernando schon früh engen Kontakt zu einem sakralen und mystischen Umfeld. Dies mag den jungen Mann angezogen und wesentlich geprägt haben.

Fernando hatte noch eine jüngere Schwester. Die Familie wohnte in einem der Paläste in der Nähe des Doms. Lissabon mit seinem Hafen war ein großes Handelszentrum. Das Tor zur weiten Welt lag dem jungen und gut ausgebildeten Mann gleichsam zu Füßen. Die Gegend um den Dom war ein Ort pulsierenden Lebens. Von seinem Zuhause aus konnte Fernando schon als Junge alles beobachten und aufnehmen, was rundherum geschah. Vielleicht wurde

---

diesem Heiligen wurden die Mitglieder „Norbertiner" oder nach dem Herkunftsort Prémontré „Prämonstratenser" genannt. Der Onkel des Fernando war ein Regelkanoniker, also ein Augustiner.

7 Die Domschulen folgten der Tradition der Lehranstalten alter Benediktinerabteien. Eine der berühmtesten ist Monte Cassino. Der Unterricht verfolgte zwei traditionelle Linien. Erstens das sogenannte *Trivium:* Es bestand aus Grammatik, Dialektik und Rhetorik. Zweitens das *Quadrivium*: Arithmetik, Astronomie, Geometrie und Musik. Zusätzlich wurde auch in Religion unterrichtet. Nach dem abgelegten Studienzyklus folgten die philosophischen und theologischen Studien.

er dabei auch von Abenteuerlust ergriffen. Leider berichten uns die Chroniken nur wenig aus seinen Jugendjahren.

Heute ist das Geburts- und Wohnhaus eine Kirche[8], ein Heiligtum frommer Verehrung für den großen Sohn Lissabons.

Anfechtungen

Kein Mensch ist über Versuchungen erhaben. Auch ein Heiliger muss sich den unterschiedlichen Anfechtungen stellen. Dazu gehören auch die des Fleisches. Dies gilt auch für den jungen Fernando.

Bereits 1232 wurde eine der ersten Biografien des Heiligen verfasst, die *Assidua*. Dort wird berichtet, dass der junge Fernando unter schweren Anfechtungen litt:

„Als mit der Pubertät die Anfechtungen des Fleisches erwachten und er sich über jedes Maß versucht fühlte, ließ er dennoch nicht davon ab, seiner jugendlichen Begierde den Zügel anzulegen. Die Welt bot ihm ja täglich die Gelegenheit, die ausgefallensten Erfahrungen zu machen. Doch den Fuß, den er noch nicht ganz auf die Schwelle gesetzt hatte, zog er gleich wieder zurück aus Furcht, dass vom Schmutz irdischer Freuden etwas an ihm hängen bleibe und ein Hinder-

[8] Im ehemaligen Haus des heiligen Antonius gibt es eine Krypta. In dieser ist ein Stein zu sehen, der die Stelle der Geburt des „Wundertäters von Padua" markiert.

nis für ihn darstellen könnte, der doch schon mit ganzem Herzen den Weg des Herrn eingeschlagen hatte."[9]

Aus den Schilderungen erfahren wir, dass es für den Heiligen keineswegs leicht war, rein zu bleiben. Ist es nicht zutiefst menschlich, dass auch ein Heiliger seine Grundanfechtungen an seinem eigenen Leib und seiner eigenen Seele verspürt?

Eine spätere Überlieferung berichtet von einem jungen Dienstmädchen, das im Hause de Bulhões ein- und ausging. Sie hatte ein Auge auf den schönen und gebildeten Jüngling geworfen. Ein Mann aus solch gutem Hause wäre eine ausgezeichnete Partie für sie gewesen! Doch diese Liebe wurde von ihm nicht erwidert. Als sie ihm Avancen machen wollte, habe er sie entschieden abgelehnt.

Der Antoniusforscher Lothar Hardick OFM schreibt darüber: „Wir können bei diesem Intermezzo in der Entwicklung des heiligen Antonius erkennen, dass er nicht ein Mensch war, der von aller menschlichen Leidenschaft nichts gewusst hätte und nur auf Höhenpfaden gewandelt wäre. Gewiss, er war zur Heiligkeit berufen, aber in seinem vollen Menschsein."[10] Fernando de Bulhões war ein Mensch wie wir alle, der auch um die Reinheit zu kämpfen hatte. Kommt er uns damit nicht noch näher, macht ihn das nicht noch sympathischer?

---

9 Assidua, a.a.O., 3.

10 Lothar Hardick, *Er kam zu dir, damit du zu ihm kämest*, Werl 1986, 19.

Entscheidung für den geistlichen Stand

Etwa um diese Zeit pilgerte Franz von Assisi mit seinen elf Brüdern nach Rom. Er wünschte, dass der Papst[11] ihre Lebensweise gutheiße. Fernando wusste damals noch nichts vom *Poverello*. Aber die Parallelen seines Lebensweges zu dem des Franziskus sind auffällig. Auch Fernando entdeckte, wie fragwürdig, ja hohl das Leben der Gesellschaft war, der er angehörte. Der junge Mann aus Lissabon spürte den unheimlichen Sog eines Lebens, das von Geltungsdrang, Reichtum und Ausgelassenheit bestimmt war. Dem setzte er klar und deutlich seine Alternative entgegen: Mit sechzehn Jahren entschied er sich für den Ordens- und Priesterstand. Er wollte ganz für Gott und seine Nächsten leben. Zu Beginn des Jahres 1210 bat er die Augustiner-Chorherren um Aufnahme.

Das Kloster *São Vicente de Fora* („St. Vinzenz vor den Mauern")[12] wurde auf dem Hügel, der sich über der Stadt Lissabon erhob, errichtet. Es war ein stattlicher Klosterkomplex der Söhne des heiligen Augusti-

---

[11] Papst Innozenz III., geboren 1160/61 als Lotario dei Conti di Segni auf Castel Gavignano (Prov. Rom), gestorben 1216 in Perugia, Papst von 1198–1216. Er hatte einen Traum, in dem er einen kleinen Mann in einer aschgrauen Kutte sah, der die wankende Lateranbasilika stützte. In diesem Mann erkannte er den heiligen Franziskus von Assisi wieder. Diesem bestätigte er dann 1209 mündlich seine Ordensregel. Innozenz III. gilt als einer der mächtigsten Päpste der Kirchengeschichte.

[12] Der Patron des Klosters *São Vicente de Fora* ist der heilige Vinzenz, Diakon von Saragossa. Er wurde im Jahr 304 n. Chr. während der Christenverfolgung unter Diokletian ermordet.

nus.[13] Hier begann Fernando das Noviziat. Er wurde wie alle Novizen in das weiße Gewand der Augustiner-Chorherren gekleidet. Nach dem Noviziat folgten philosophische und theologische Studien.

Die Ordenschronik berichtet, dass zu dieser Zeit ein gewisser Don Gonzales Prior des Klosters war. Kurz nach dem Eintritt Fernandos wurde das Kloster in kirchenpolitische Auseinandersetzungen hineingezogen.

Für Fernando war es eine schwierige Zeit. Die Nähe zur Heimatstadt und die Besuche durch Eltern, Freunde und Verwandte störten ihn in seinem Studium und in seinem geistlichen Streben nach Vollkommenheit. Was die Kanoniker des Klosters *São Vicente de Fora* zur Pflege der Kontakte mit kirchlichen und politischen Vertretern begrüßten, hinderte Fernando in seiner Entwicklung als Ordensmann und künftiger Priester. Für seine Suche nach Gott lebte er hier zu nahe an jener Welt, die er um Christi Willen verlassen hatte. Deshalb bat er seine Oberen nach gut zwei Jahren, in das circa zweihundert Kilometer entfernte Coimbra, ins Mutterkloster *Santa Cruz*[14], zie-

---

[13] Dieses Kloster wurde nach reichen Stiftungen durch König Alfons I. errichtet. Es diente während der Belagerung Lissabons dem christlichen Heer als Vorposten gegen die Muslime. Im Jahr 1755 wurde es während des Erdbebens zerstört, danach wieder aufgebaut.

[14] Reformkloster der „Augustiner vom Heiligen Kreuz“ in Coimbra. Unter Papst Gregor VII. riet die Lateransynode 1059, die Kleriker sollten zusammenleben und die Einkünfte gemeinsam verwalten. So entstanden vor allem unter den Augustinern Kongregationen, die diesem Geist folgten. Die „Kongregation vom Heiligen Kreuz“ entstand 1132 und nahm die Satzungen der 1039 in Avignon gegründeten „Kongregation vom Heiligen Rufus“ an.

hen zu dürfen. Dort wollte sich der junge Kleriker intensiver der Gotteswissenschaft und der geistlichen Betrachtung widmen. Der Prior gab ihm dazu seinen Segen.

Coimbra war damals die Hauptstadt des Königreiches Portugal und zugleich Bischofssitz. Das Studienzentrum der Augustiner-Chorherren von *Santa Cruz* genoss einen sehr guten Ruf, wohl den besten in Portugal. Dies war sicher auch den beiden Kanonikern Raimundus und Johannes zu verdanken. Beide hatten an der Pariser Universität studiert und dabei die Doktorwürde erhalten.[15] Das Kloster bestand aus ungefähr sechzig Mitgliedern und besaß eine ausgezeichnete Bibliothek. Dort konnte man selbstverständlich Werke des Ordensvaters Augustinus finden, aber ebenso Werke von Ambrosius, Beda Venerabilis, Gregor dem Großen, Isidor von Sevilla und anderen. Außerdem gab es auch profane wissenschaftliche Darlegungen der damaligen Zeit. Hier fand der wissensdurstige Fernando ausgezeichnete geistliche und geistige Nahrung. Sein hervorragendes Gedächtnis ersetzte ihm später manche Bücher. Er studierte insbesondere das Wort Gottes, betrachtete und verinnerlichte es. Die *Legenda Assidua* bemerkt dazu:

---

[15] Im Jahr 1260 wurde Lissabon die Hauptstadt von Portugal. Coimbra blieb eine der bedeutendsten Städte des Landes. Sie war vor allem durch ihre Universität bekannt, die aus der theologischen Schule der Augustiner-Chorherren von *Santa Cruz* hervorgegangen war.

„Und alles, was er las, vertraute er einem derart guten Gedächtnis an, dass er in kurzer Zeit eine solche Bibelkenntnis aufwies, wie es nie jemand zu hoffen gewagt hätte.“[16]

Gewissenhaft versuchte er, das studierte Wort Gottes auch im Alltag umzusetzen. Hier legte er die Grundlage für die außergewöhnliche Kenntnis des Wortes Gottes, die später seine Predigten prägte. Papst Gregor IX.[17], der ihn persönlich kannte, nannte ihn „Arche des Testamentes“ und „Schrein der Heiligen Schrift“. Man sagte ihm sogar nach, dass er das ganze Alte und Neue Testament aus dem Gedächtnis diktieren könnte, wenn die Bibel verloren ginge. Das schien eine große Übertreibung zu sein, war es aber nicht.

Als der Heilige von Papst Pius XII. zum Kirchenlehrer erhoben wurde, gab er ihm den Titel: „Lehrer des Evangeliums“. Was aber mehr ins Gewicht fällt, ist die Tatsache, dass sich Fernando nicht nur in das Wort Gottes vertiefte, sondern wie sein Ordensgründer ganz aus dem Evangelium Jesu heraus lebte.

Schon vom jungen Augustiner-Chorherrn in Coimbra sind uns zwei Wunder überliefert. Deshalb wird der Heilige auch „Wundertäter von Padua“ genannt:

---

[16] Assidua, a.a.O., 4, 6.

[17] Gregor IX., geboren 1167 als Ugolino dei Conti di Segni in Anagni (Prov. Rom). Er war der Neffe von Papst Innozenz III. Er war Papst von 1227 bis 1241 und vollzog am 30. Mai 1232 die Heiligsprechung von Antonius in Spoleto und starb 1241 in Rom.

Im Kloster befand sich ein kranker Mitbruder, der angeblich von einem Dämon besessen war. Fernando nahm seine Kapuze und legte sie dem Besessenen auf. So verjagte er den bösen Geist. Der Mönch wurde wieder gesund.

Eines Tages war Fernando mit der Reinigung der Fußböden des Konventes beschäftigt. Er konnte deshalb nicht an der heiligen Messe teilnehmen. Als er das Wandlungsglöcklein hörte, unterbrach er seine Arbeit und kniete sich nieder. Durch ein Wunder öffneten sich die Mauern, die ihn vom Altar fernhielten. Mit tiefer Ehrfurcht verneigte er sich vor dem erhobenen Allerheiligsten und betete es an.

Leider herrschten im Kloster *Santa Cruz* nicht nur paradiesische Verhältnisse. Seit dem Jahr 1208 gab es Zwistigkeiten zwischen dem König und den Bischöfen. Der König nahm sich die Freiheit, die Oberen der Klöster selbst zu ernennen. Man wollte auf diese Weise die Geistlichen in die Abhängigkeit des Königs bringen. Die Klöster opponierten. Sie empfanden es als einen unerträglichen Eingriff in ihre Selbstständigkeit. Der Streit eskalierte. Im Jahr 1220 sah sich Papst Innozenz III. gezwungen, einzugreifen. Er prangerte die Missstände deutlich an:

„Fast alle gehen ihren eigenen Weg und verfolgen ihre eigenen Interessen. Sie lassen sich zu ihrem eigenen Schaden beim Gastmahl des ewigen Königs entschuldigen. Sogar Priester reden am Altar, wie schon in Sodoma, offen von ihren Sünden und werden so zum Fallstrick und Verderben für ihre Gläubigen. Nicht einer, der sich wie eine Mauer vor das Haus Gottes stellt."[18]

Die Auseinandersetzungen gingen auch am Kloster *Santa Cruz* nicht spurlos vorüber. Prior Johannes musste sich von den Anklagen des Papstes betroffen fühlen. Er hatte nämlich Klostergüter veräußert und lebte sehr verweltlicht. Deshalb war er außerstande, Zucht und Ordnung im Kloster wieder herzustellen.

Die Kommunität spaltete sich in zwei Lager. Fernando sah sich plötzlich in Opposition zu Prior Johannes. Er konnte nicht neutral bleiben und so tun, als wüsste er nichts. Er fühlte sich in einer ähnlichen Lage wie im Kloster in Lissabon: zu nahe an der Welt. Es ist daher nicht verwunderlich, dass er sich nach dem Blutzeugnis der ersten Märtyrer des Franziskanerordens[19] so schnell dazu entschloss, sich der Bewegung um Franz von Assisi anzuschließen.

Dennoch war Fernando dankbar für die Zeit in *Santa Cruz*. Er würdigte das Große und Gute, das er durch das Kloster für sein Leben erhalten hatte. Acht Jahre hatte er hier gelebt, studiert, gebetet. Er war in dieser Zeit im Glauben, in der Weisheit und in der Wissenschaft gereift. Mehr denn je beseelte ihn der Wunsch, sich ganz Gott und den Nächsten hinzugeben. Dieses Ideal sah er nun im Eintritt in den Orden der Minderbrüder erfüllt.

---

[18] Lothar Hardick, a.a.O., 22.

[19] Dies waren der heilige Berard und seine Gefährten.

Die Söhne des heiligen Franziskus in Portugal

Während des Generalkapitels 1217 wurden Brüder von Franziskus von Assisi in die verschiedensten Gegenden Europas und in den Nahen Osten ausgesandt. Zu dieser Zeit kamen auch die ersten Franziskaner nach Portugal. Diese Männer konnten sich keiner großen Bildung rühmen. Sie waren arm, aber sie lebten das Evangelium mit einer umwerfenden Selbstverständlichkeit und strahlten bei all ihrer Einfachheit Frieden, Güte und Freude aus. Ihr Leben selbst war eine Frohbotschaft – und das in einem Umfeld, in dem Intrige, Rivalität, Geldgier und Feindschaft das Leben bestimmten. Deshalb eroberten sie[20] sehr schnell die Herzen der Menschen, die beeindruckt waren von der Einfachheit der Brüder in den aschgrauen Kutten[21], die Frieden predigten und ihn noch viel mehr in ihren Herzen trugen. Sie wollten bescheiden als Brüder unter den Menschen leben.

Im Jahr 1209 war die erste Regel des neuen Ordens von Papst Innozenz III. mündlich bestätigt worden. Arm und mittellos wollten die Brüder leben und den Menschen, ja aller Kreatur die frohmachende Botschaft von Jesus von Nazareth verkünden. Sie nah-

[20] Franziskus nannte seine Brüder „Minderbrüder". *Ordo Fratrum Minorum* („Orden der Minderbrüder"), Abkürzung OFM, ist heute noch die offizielle Bezeichnung dieses Ordens. Im Volksmund wurde er nach dem Namen des heiligen Franziskus „Franziskaner" genannt.

[21] Ursprünglich waren die Kutten der Franziskaner aschgrau. Der Stoff durfte nicht gefärbt sein. Die Farbe ergab sich aus weißer und schwarzer Schafwolle. Erst später wurden die Kutten braun bzw. schwarz.

men die Nachfolge Jesu sehr ernst. Es war ihr Ziel, wie die Apostel allen das Evangelium von der Erlösung zu bringen.

Als sie nach Portugal kamen, kannte man sie nicht. Sie gingen barfuß, waren mit einer rauen Kutte bekleidet und mit einem Strick umgürtet. Sie halfen den Menschen bei der Arbeit, um sich ihr Brot selbst zu verdienen. Sie lebten in kleinen Gemeinschaften zusammen, beteten miteinander und feierten die Tagzeiten (Brevier und heilige Messe). Es gab aber auch Leute, die in diesen etwas seltsam anmutenden Brüdern Häretiker oder Landstreicher vermuteten. Zu ihrem großen Glück halfen ihnen wohlgesinnte Menschen, vor allem aus dem königlichen Haus, sonst hätten sie wohl nicht in Portugal bleiben können. In Coimbra schenkte ihnen Königin Urraca eine Kapelle, die sich in einem kleinen Olivenhain befand. Sie war dem heiligen Antonius von Ägypten[22] geweiht. *Santo António dos Olivais* hieß dieses Klösterchen auf Portugiesisch. Eine weitere Niederlassung hatten die Brüder in Alenquer bei Lissabon.

---

[22] Antonius der Große, auch Einsiedler von Ägypten genannt, wurde um 251 geboren und starb um 356. Er gilt als Vater des christlichen Mönchtums.

FERNANDO UND DER FRANZISKANERORDEN

ERSTE BEGEGNUNG

FERNANDO NENNT SICH ANTONIUS

Der Kleriker Fernando begegnete den Minderbrüdern erstmals an der Pforte seines Klosters, als sie um Almosen bettelten. Diese Minderbrüder beeindruckten den jungen Mönch Fernando zutiefst, denn sie lebten ein ganz konsequentes Leben nach dem Evangelium. Mit schlichten Worten predigten sie vom Reich Gottes und von der Umkehr. Allerdings verkündeten sie das Wort Gottes mehr durch Werke als durch Worte.

Zu jener Zeit, als man entweder zu Fuß oder zu Pferd reiste und an unsicheren Wegen und Straßen nur wenige Herbergen zu finden waren, kamen Wanderer, Pilger und Reisende oft zu den Klöstern, wo sie verköstigt wurden und ein Nachtlager bekamen.

Im Jahr 1219 zog eine Gruppe Franziskaner von Italien in Richtung Marokko. Wie es Franz von Assisi in seiner Regel[23] vorsah, bettelten sie um Almosen.

---

23 „... Und gleichwie Pilger und Fremdlinge in dieser Welt, die dem Herrn in Armut und Demut dienen, mögen sie voll Vertrauen um Almosen gehen; und sie dürfen sich nicht schämen, weil der Herr sich für uns in dieser Welt arm gemacht hat." Bullierte Regel (BR) 6, 2–3,

Sie kamen zum Kloster *Santa Cruz* in Coimbra und baten für kurze Zeit um gastliche Aufnahme. Fernando hatte gerade den Dienst als Gastbruder inne. Er durfte die fünf Brüder, die Priester Berardo, Pietro und Ottone sowie die zwei Laienbrüder Ajuto und Accursio, betreuen.

Die Minderbrüder beeindruckten den jungen Mönch zutiefst. Er empfand sie als froh und überzeugend. Sie waren anders als die Ordensleute, denen er in seinem Kloster oder sonst irgendwo begegnete. Diese Brüder waren wirklich arm: Die Gewänder waren abgetragen, ihre Gesichter bärtig und sonnenverbrannt. Von den langen Wanderungen hatten sie wunde Füße. Das alles nahm der adelige Chorherr wahr, ja, es beschämte ihn. Er hatte im Kloster alles: ein sicheres Dach über dem Kopf, materielle Güter, seine Studien und Bücher.

Die Brüder erzählten ihm ohne Überheblichkeit oder Anmaßung von ihren Plänen. Ihr Ziel waren die muslimischen Länder, um den Menschen dort das Licht des Evangeliums Jesu zu bringen und von seiner Erlösung der ganzen Welt zu predigen.

Am nächsten Tag reisten die Minderbrüder nach Sevilla, das sich damals noch unter sarazenischer[24] Herrschaft befand. Dort angelangt verkündeten sie

---

in: Leonhard Lehmann, *Das Erbe eines Armen. Franziskus-Schriften*, Kevelaer 2003.

[24] Sarazenen wurde als Sammelbezeichnung für islamische Völker verwendet.

das Evangelium. Sie wollten die Ungläubigen[25] mit klaren Worten für den eigenen Glauben gewinnen. Sie wurden zum Tode verurteilt, kurz darauf begnadigt und dann des Landes verwiesen. Ihr missionarischer Eifer aber blieb ungebrochen.

Von Sevilla aus zogen sie nach Marokko. Dort fanden sie Unterstützung bei Don Pedro, dem Bruder des Königs Alfons II. von Portugal. Dieser hatte sich mit dem König zerstritten und war in den Dienst des Kalifen von Marokko getreten. Allerdings gab er den christlichen Glauben nicht auf.

Nach einer provokanten Predigt verhaftete und misshandelte man die fünf Franziskaner. Don Pedro konnte sie aus der Gefangenschaft befreien. Die Brüder waren bereit, für den christlichen Glauben zu sterben. Sie ergriffen erneut das Wort und predigten Christus. Die erneute Predigt löste bei den Muslimen eine derartige Wut aus, dass sie sogleich alle fünf Brüder mit dem Schwert enthaupten ließen.

Don Pedro kümmerte sich um die sterblichen Überreste der Märtyrer. Er wollte nicht, dass sie vom aufgebrachten Pöbel geschändet würden. So ließ er die Leichen in aller Heimlichkeit in sein Haus bringen.

Die Niederlassung der Franziskaner in Santo António dos Olivais war sehr klein, sodass sie dort nicht bestattet werden konnten. Als Ort der Beisetzung wurde der Kreuzgang der Augustiner-Chorherren

[25] Das Wort „Ungläubige“ wurde auf beiden Seiten verwendet, sowohl bei den Christen als auch bei den Muslimen.

von *Santa Cruz* ausgewählt, die Grabstätte des portugiesischen Königshauses. Deshalb wurden die Körper nach Coimbra überführt. Fernando, der die Glaubenshelden persönlich kennengelernt hatte, stand nun an ihrer königlichen Grabstätte. Die Hingerichteten standen lebendig vor seiner Seele.

Franziskus, sein späterer Ordensvater, hatte bei der Nachricht von ihrem Sterben für den christlichen Glauben ausgerufen: „Nun kann ich in Wahrheit sagen: Ich habe fünf Brüder!" Ihr opferfreudiges, sieghaftes Sterben war für den suchenden Fernando wie ein Signal. Schon lange hatte er gerungen und um einen Weg für seinen Glauben gebetet. Nun waren seine Gebete erhört worden. Er wollte selbst Franziskaner und Märtyrer Christi werden. Für den adeligen Augustiner-Chorherrn war es eine Antwort vom Himmel. Sein Plan war gereift.

Der Provinzial von Spanien und spätere Ordensgeneral Bruder Johannes Parenti weilte anlässlich der Beisetzung der Mitbrüder im Klösterchen *Santo António dos Olivais*. Fernando ging zu ihm und teilte ihm seinen Herzenswunsch mit. Bruder Johannes gab seine persönliche Zustimmung für den Übertritt.

Für den Übertritt benötigte Fernando noch die Genehmigung seines eigenen Ordens. Kein Ordensmitglied konnte die Gemeinschaft ohne Erlaubnis seines Oberen verlassen. Fernando erhielt die Erlaubnis von seinem Prior.

Sein Weggang war für das Kloster sicher ein großer Verlust. Einen so gut ausgebildeten Theologen und tief geistlichen Menschen konnte man nicht ohne Weiteres ziehen lassen. Vielleicht gab der stellvertretende Prior die Stimmung wieder, die damals im Haus herrschte. Er rief voll Bitterkeit und Schmerz dem Scheidenden zu: „Geh nur, geh, jetzt kannst du endlich ein Heiliger werden!" Fernando gab ihm zur Antwort: „Solltest du einmal hören, dass ich ein Heiliger geworden bin, dann lobe Gott den Herrn!"

Am nächsten Tag brachte der Guardian[26] von *Santo António* eine aschgraue Kutte ins Kloster der Chorherren. Im Beisein der bisherigen Mitbrüder legte Fernando das feine Gewand der Augustiner-Chorherren ab und wurde mit der rauen Kutte der Franziskaner bekleidet.

Zur vollen Trennung von seinem bisherigen Leben änderte Fernando seinen Namen. Er nannte sich fortan nach dem Mönchsvater Antonius von Ägypten, dem Patron der Niederlassung der Brüder von Coimbra. Unter diesem Namen ist er durch die Jahrhunderte bis zum heutigen Tag der große und bekannte *Santo* für Himmel und Erde.

Die *Assidua* sieht in dieser Namensgebung auch einen Schutz. Fernando habe nach diesem einschneidenden Schritt in seinem Leben unerkannt bleiben

---

[26] Bei den Franziskanern werden folgende Bezeichnungen verwendet: „Guardian" (Hüter) für den Hausoberen, „Provinzial" für den Oberen einer Provinz, „Kustos" für den Oberen einer Teilprovinz. Die Bezeichnung „Abt" oder „Prior" ist im Orden des heiligen Franz von Assisi nicht gebräuchlich.

wollen. Er selbst mag sich später an diesen wichtigen Moment in seinem Leben erinnert haben, als er in einer seiner Predigten sagte:

„Wer in ein Kloster oder in einen Orden eintreten will, um dort Buße zu tun, geht gleichsam zum Grabe, und wenn er den großen Stein vor dem Eingang des Grabes, d. h. die Schwierigkeiten des Ordenslebens, betrachtet, wird er sich sagen: Wer wird uns den Stein von dem Eingang wälzen? Der große Stein sind die Schwierigkeiten beim Eintritt … Doch wer liebt, kennt nichts, was schwer wäre."[27]

Als Antonius im Sommer des Jahres 1220 in den Franziskanerorden übertrat, brauchte er noch kein Noviziat zu absolvieren. Er wurde gleich zur Ordensprofess zugelassen. Erst am 22. September des gleichen Jahres wurde von Papst Honorius III.[28] auch für den Franziskanerorden das einjährige Noviziat eingeführt.

Aufbruch in die Mission, Krankheit und Schiffbruch

Antonius wechselte aus dem königlichen Kloster ins ärmliche Haus der Minderbrüder. Er lebte nun unter

---

27 Lothar Hardick, a.a.O., 30.

28 Papst Honorius III., Cencio Savelli, geboren1148 in Rom. Er war von 1216–1227 Papst. Er approbierte mit der Bulle *Solet Annuere* die Regel des Minderbrüderordens am 29. November 1223. Er starb im Jahr 1227 in Rom.

ganz anderen, ihm bisher fremden Bedingungen. Sicher war das für den adeligen Antonius ein Abstieg. Doch er war fest davon überzeugt, dass dieser Schritt richtig war. In Liebe nahm er das strengere und entbehrungsreichere Leben in Kauf, auch den Bettelgang!

Der Gedanke, in die Mission unter die Sarazenen zu gehen, ließ ihn nicht mehr los. Er wollte dort sein Leben für Christus hingeben. Der heilige Franz sagt in der nicht bestätigten Regel dazu Folgendes:

„Der Herr sagt: ‚Seht, ich sende euch wie Schafe mitten unter Wölfe. Seid daher klug wie die Schlangen und einfältig wie die Tauben.' Daher soll jeder Bruder, der unter die Sarazenen und andere Ungläubige gehen will, mit der Erlaubnis seines Ministers und Dieners gehen. Und der Minister soll ihnen ohne Widerspruch die Erlaubnis geben, wenn er sieht, dass sie tauglich sind, geschickt zu werden; denn er wird dem Herrn Rechenschaft ablegen müssen."[29]

Bruder Antonius bat seinen Provinzial um die Erlaubnis und erhielt sie. Gegen Jahresende brach er nach Marokko auf. Sieben Jahre zuvor hatte sich Franziskus von Assisi auf den Weg gemacht, um das gleiche Ziel zu erreichen. Thomas von Celano berichtet darüber:

„Aber der große Gott widerstand ihm …, als er schon bis nach Spanien gekommen war, ins Angesicht

---

[29] Nicht bullierte Regel (NbR) 16, 1–4, in: Leonhard Lehmann, *Das Erbe eines Armen. Franziskus-Schriften*, Kevelaer 2003.

und rief ihn durch Krankheit von der begonnenen Reise zurück."[30]

Antonius sollte es ganz ähnlich ergehen. Als Gefährte wurde ihm Bruder Philippus, ein Spanier, zur Seite gestellt. Bald fanden die zwei Missionare ein Schiff, das Richtung Afrika segelte. Bereits auf der Überfahrt wurden sie von schlechtem und stürmischem Wetter heimgesucht. Auf der Reise wurde Bruder Antonius von der Malaria befallen. Das Fieber fesselte ihn ans Krankenlager. Auch an Land litt er weiter unter der Krankheit. Während des ganzen Winters war keine Besserung in Sicht. Eine gute, christliche Familie pflegte Antonius. Bruder Philippus wich nicht von seiner Seite. Als der Frühling ins Land zog, fürchtete Bruder Philippus um das Leben von Bruder Antonius.

Antonius' ungestümes Verlangen nach dem Martyrium wandelte sich in Gottergebenheit. Ein Segelschiff sollte sie in die Heimat zurückbringen. Doch die Überfahrt verlief anders als erwartet: Schon konnte man in der Ferne die iberische Küste erblicken, als plötzlich ein gewaltiger Sturm losbrach und das Meer grausam aufpeitschte. Das Schiff wurde hin und her geworfen und geriet in große Seenot. Für die gesamte Besatzung und für alle Passagiere waren es Stunden des Grauens und der Todesangst. Würden sie mit

---

[30] 1 Celano 22, Thomas von Celano ist der erste Biograf des heiligen Franz von Assisi. Er schrieb die Biografie um 1228 zur Heiligsprechung von Franz von Assisi, in: Dieter Berg (Hrg.), Leonhard Lehmann (Hrg.), *Franziskus-Quellen*, Kevelaer 2009, 195–288.

dem Leben davonkommen? Sie konnten nicht mehr sehen, wohin sie getrieben wurden.

Endlich sichtete man das Ufer. Die ganze Mannschaft und die Passagiere retteten sich an Land. Die Ernüchterung war groß, als sie erkannten, wo sie gestrandet waren: Es war nicht ihre Heimat, sondern Sizilien. Sie gelangten südlich von Messina an Land.

In Messina hatten die Franziskaner damals seit circa zehn Jahren eine Niederlassung. Die beiden Minderbrüder fanden bei ihren Mitbrüdern liebevolle Aufnahme. Antonius wurde hingebungsvoll gepflegt. Hier erfuhren sie, dass Bruder Franziskus ein Generalkapitel nach Assisi, nach *Santa Maria degli Angeli*, einberufen hatte.

Ein unbekannter Bruder auf dem Generalkapitel

Zum Generalkapitel sollten möglichst viele Brüder von allen Niederlassungen zusammenkommen, um über die Probleme des jungen und so rasch gewachsenen Ordens zu beraten. Alle Brüder des Ordens konnten damals am Generalkapitel teilnehmen, selbst die Novizen konnten bei diesem brüderlichen Ereignis mit dabei sein. Es war nicht wie zu späteren Zeiten, als nur die Oberen zum Kapitel gerufen wurden.

Für Bruder Antonius war sicher ein wichtiger Grund zur Teilnahme, dort dem Ordensgründer Franziskus begegnen zu können. Noch schwach, aber genesen, machte er sich mit den Brüdern von Sizilien auf den Weg nach Umbrien.

Die kleine *Portiunkula*-Kapelle im Südwesten von Assisi war von Franziskus zu Beginn seines Weges eigenhändig restauriert worden. Hier hörte der Suchende am 24. Februar 1205, dem Fest des heiligen Matthias, das Aussendungsevangelium der Apostel und der siebzig anderen Jünger (vgl. Mt 10,1–42). Dies traf den jungen Franziskus ins Herz. Er rief: „Das ist's, was ich will, das ist's, was ich suche, das verlange ich nach Herzensgrund zu tun."[31] Von diesem Augenblick an änderte er die Ordenstracht und zog wie die Apostel, das Evangelium verkündend, umher. Nach diesem Erlebnis, das man das Schlüsselerlebnis des Ordensgründers bezeichnen kann, wurde die kleine Marienkapelle die Mutterkirche des entstehenden Minderbrüderordens.

Hier fanden sich die Brüder regelmäßig um Pfingsten herum zu Beratungen ein. Während der Pfingstkapitel besprachen die Brüder ihre Lebensform und erließen nötigenfalls neue Richtlinien. Das Pfingstkapitel 1221 sollte ein besonderes Treffen des jungen Ordens werden.

Hier sind wir durch den Augenzeugen und Chronisten Bruder Jordan von Giano gut informiert.[32] Anwesend waren ungefähr dreitausend Brüder und No-

---

[31] 1 Celano 22, in: Dieter Berg (Hrg.), Leonhard Lehmann (Hrg.), *Franziskus-Quellen,* Kevelaer 2009.

[32] Jordan von Giano, Chronik 16, ebd., 979 ff.

vizen. Es wurde an dreiundzwanzig Tischen gegessen, die nach einer bestimmten Ordnung aufgestellt waren. Die Bevölkerung von Assisi spendete Brot und Wein in einer Überfülle. Nach Beendigung des Kapitels blieben die Brüder noch zwei weitere Tage zusammen, um die restlichen Speisen aufzuzehren. Da die Brüder auf Schilfmatten schliefen, nannte man das Kapitel auf Italienisch *Capitolo delle Stuoie* („Mattenkapitel").

Bruder Antonius konnte Bruder Franziskus dort sehen. Er war klein und kränklich. Oft musste er von seinem Vikar, Bruder Elias von Cortona, gestützt werden. Der *Poverello* sprach kurz und mit schwacher Stimme. Diese aber war lieblich und eindringlich.

Die Chronik von Bruder Jordan berichtet, dass Franziskus neben Bruder Elias am Boden saß. Immer, wenn er bei den Diskussionen spürte, dass er nun etwas sagen müsse, meldete sich Bruder Franziskus bei Bruder Elias zu Wort, indem er ihn an seiner Kutte zupfte. Dieser verkündete dann der Kapitelversammlung: „Brüder, der Bruder möchte euch etwas sagen." Franziskus wurde damals einfach „Bruder" genannt.

Antonius erlebte in diesen zwei Brüdern die Exponenten der zwei Richtungen des Ordens: Franziskus verkörperte in seiner Person das Charisma der franziskanischen Spiritualität. Bruder Elias stand auf der anderen Seite für das Organisatorische, Institutionelle. Beide Kräfte sind positiv. Sie müssen einander aber in gesunder Weise ergänzen. Die Geschichte der Franziskaner zeigt zur Genüge, dass diese beiden Befähigungen leider oft auseinanderklafften.

Wir wissen nicht, ob Antonius bei dieser Gelegenheit mit Bruder Franziskus persönlich sprechen konnte. Antonius war in der Bruderschaft ganz neu und völlig unbekannt. Niemandem erzählte der Portugiese etwas von seiner adeligen Herkunft oder seiner ausgezeichneten Ausbildung. Nachdem die Brüder den verschiedenen Provinzen zugeteilt worden waren und sich dorthin auf den Weg machten, blieb Bruder Antonius übrig. Bescheiden, wie er war, hatte er sich nirgendwo aufgedrängt. Schließlich musste er sich darum bemühen, einen Provinzialminister zu finden. Bruder Gratian von der oberitalienischen Provinz Romagna nahm Antonius mit und sandte ihn in eine Einsiedelei zwischen Rimini und Bologna nach Montepaolo bei Forlì.

In der Stille der Einsiedelei

In der Bergeinsamkeit von Montepaolo, 400 Meter ü. M., gab es eine kleine Kirche, die dem heiligen Paulus dem Eremiten geweiht war, verschiedene Zellen für die Brüder und ein Gärtchen. Es war eine typisch franziskanische Einsiedelei. Bruder Franziskus, der sich selbst immer wieder in Einsiedeleien zurückzog, hatte eigens eine Regel für Brüder in den Einsiedeleien verfasst. Danach sollten sich die Brüder in den Diensten ablösen: Die einen sollten die „Martha“-

Dienste verrichten, während die andern sich als „Maria“ der Beschauung und dem gemeinsamen Gebet widmeten.[33]

Hier in der wunderbaren Bergnatur hatte Antonius endlich die Ruhe, die er sich gewünscht hatte. Hier konnte er beten und der kleinen Bruderschaft bei den einfachen Hausarbeiten helfen, dem Spülen des Geschirrs und Reinigen der Böden. Es wird erzählt, dass die Brüder ihn für die Predigt und zum Almosensammeln als zu ungeschickt hielten. Offensichtlich erkannten sie die Folgen der überstandenen Krankheit und schonten ihn. Nach getaner Arbeit zog es Bruder Antonius in die Einsamkeit und zum Gebet in eine Höhle des nahe gelegenen Waldes.

Das Jahr in Montepaolo war für ihn in jeder Hinsicht ein Jahr des Segens, eine ideale Vorbereitung auf sein künftiges Wirken. Davon hatte er allerdings nicht die leiseste Ahnung.

Was wollte Gott von ihm? Später sagte der Heilige darüber Folgendes:

„Die Heiligen gleichen den Sternen. Christus hält sie durch seine Vorsehung im Verborgenen, damit sie nicht in der Öffentlichkeit erscheinen, wenn sie es

---

[33] Es heißt dort unter anderem: Es „sollen zu drei oder höchstens zu vier Brüder sein. Zwei von ihnen sollen die Mütter sein und sollen zwei Söhne oder wenigstens einen haben. Jene beiden, die Mütter sind, sollen das Leben der Martha führen, und die beiden Söhne sollen das Leben der Maria führen … Die Söhne aber sollen bisweilen das Amt der Mütter übernehmen, wie es ihnen gut scheint …“ Regel für Einsiedeleien, V1–2, 10 in: Leonhard Lehmann, *Das Erbe der Armen. Franziskus-Schriften*, Kevelaer 2003.

gerne möchten. Doch sind sie stets bereit, die stille Beschauung mit den Werken der Barmherzigkeit zu vertauschen, sobald sie in ihrem Herzen Christi Aufforderung vernehmen."[34]

Nach einem guten Jahr der Einsamkeit zeigte ihm Gott, wozu er ihn berufen hatte.

Eines Tages lud der Provinzial einige Brüder nach Forlì zu einer Priesterweihe ein. Es gibt Berichte, die aussagen, Antonius sei auch bei dieser Gelegenheit zum Priester geweiht worden. Auch die *Legenda Assidua* vermerkt: „Antonius befand sich unter ihnen."[35] In der späteren Vita des Heiligen, der *Vita Sancti Raymundi a S. Romano*, steht, dass Antonius schon bei den Augustiner-Chorherren in Coimbra zum Priester geweiht worden sei. Diese Differenz ändert nicht viel. Sicher ist, dass Antonius zum Priester geweiht wurde und dass er unter den Brüdern war, die an dieser Weihe teilnahmen. Unter den Weihekandidaten waren Predigerbrüder und Minderbrüder.

Nach der Priesterweihe trafen sich die Brüder beider Orden im Konvent der Dominikaner. Der Obere der Franziskaner bat die Dominikaner, einer der Brüder solle zu Ehren der Neugeweihten eine Ansprache halten. Doch diese wollten nicht unvorbereitet reden. Sie wollten sich nicht blamieren. Deshalb bat Bruder Gratian, der Provinzial der Romagna, Bruder Antonius, er möge doch ein paar Worte zur Festgemeinschaft sagen, so wie es ihm der Heilige Geist eingebe. Mögli-

---

[34] Lothar Hardick, a.a.O., 37.

[35] Assidua, a.a.O., 8, 1.

cherweise dachte er: Antonius beherrscht unsere Sprache noch nicht. Es wird ihm niemand verübeln, wenn er, der Küchenbruder, nach Worten suchen muss.

Die Überraschung war groß: Das Gegenteil trat ein. Der Bruder aus Portugal stockte vorerst, doch allmählich fasste er sich und kam mehr und mehr in Schwung. Was Antonius in den Jahren des Studiums in sich aufgenommen, was er in der Stille der Einsiedelei meditierend vertieft und innerlich erlebt hatte, brach wie ein Sturzbach aus ihm hervor. Nach einigen Sätzen vergaß er sich förmlich. Je länger er sprach, desto mehr staunten die Zuhörer über diesen einfachen Küchenbruder, der so tiefgehend reden konnte. Seine Ansprache offenbarte einen gewaltigen inneren Reichtum und ein Charisma der Rhetorik. Das Wort Gottes legte er mit einer so sicheren Kenntnis aus, dass die Zuhörer nicht aus dem Staunen herauskamen. Hier paarte sich erstaunliches Wissen, vor allem die Kenntnis der Heiligen Schrift, mit der Gotteserfahrung eines tiefen Mystikers.

„Als dann jene Feder des Heiligen Geistes, seine Zunge, anfing, mit Besonnenheit über viele Themen zu sprechen, auf klare Art und Weise und mit kurzen Worten sprach, da lauschten die Brüder, von Erstaunen und Bewunderung getroffen, aufmerksam den Worten des Redners."[36]

Ohne Zweifel, der große Prediger und Lehrer Antonius war entdeckt! Das war einer der größten

[36] Assidua, a.a.O., 8, 7.

Wendepunkte seines Lebens. „Er zog ihn aus der Verborgenheit vom Montepaolo in das Rampenlicht der Öffentlichkeit", schreibt Scandaletti in seiner Antoniusbiografie.[37]

Mit dem Wunsch im Herzen, nach Marokko zu ziehen und dabei den Sarazenen zu predigen, wurde er durch verschiedene Umstände von Gott in die Verborgenheit geführt. Gerade im Leben der Stille und Beschauung reifte der Moment, in dem Gott ihn seiner eigentlichen Berufung zuführte. Auf der Priesterweihe in Forlì fielen die Würfel: Bruder Antonius wurde für die Apostolats- und Predigtarbeit bestimmt.

In der nicht bestätigten Regel des heiligen Franziskus von Assisi heißt es darüber:

„Kein Bruder soll predigen gegen die Vorschrift und Anordnung der heiligen Kirche und nur, wenn es ihm von seinem Minister erlaubt ist. Und der Minister möge sich hüten, jemandem unüberlegt die Erlaubnis zu erteilen. Alle Brüder sollen jedoch durch die Werke predigen."[38]

Dieser Regel folgend wurde Antonius offiziell von seinem Oberen zum Prediger für die Romagna bestellt. Damit war nicht nur die Region diesen Namens gemeint, sondern ganz Norditalien: die Lombardei, Emilia-Romagna, Venetien mit Friaul, Genua. Der Heilige predigte in den Jahren 1222 bis 1224 in dieser Gegend.

---

[37] Paolo Scandaletti, *Antonius von Padua*, Graz 1983, 114.

[38] Nicht bullierte Regel (NbR), 17,1–4, in: Leonhard Lehmann, *Das Erbe der Armen, Fanziskus-Schriften*, Kevealer 2003.

Prediger in Norditalien

Sekten und Irrlehren

Im 12. und 13. Jahrhundert waren starke religiöse Bewegungen festzustellen. Teilweise waren sie eine Folge der Kreuzzüge. Die Menschen entwickelten zu dieser Zeit eine starke innere Beziehung zu den Orten, an denen Jesus zur Welt kam, dreißig Jahre in Verborgenheit lebte, sein Leben am Kreuz hingab und glorreich auferstand. All diese Heiligtümer waren damals in den Händen der Muslime. Es galt, sie zu befreien, koste es, was es wolle.

In diesem geistigen Klima brach ein neues Ideal auf: Man wollte dem armen Jesus von Nazareth nachfolgen. Die Aufmerksamkeit war sehr stark auf das Menschsein des Gottessohnes gerichtet.

Diese Bewegungen waren zum Teil auch eine Reaktion auf ein erstarrtes religiöses Leben in der Kirche. Dem Klerus fehlte die theologische Bildung. Noch schlimmer: Es ging ihm auch die religiöse Gesinnung ab. Viele von ihnen lebten alles andere als evangelisch. Die Verkündigung verlor damit jede Glaubwürdigkeit.

In diesem Umfeld hatten die religiösen Bewegungen gerade bei jenen Menschen eine Chance, die im Glauben einen Halt und einen tieferen Sinn für ihr Leben suchten.

Der Aufbruch kam nicht vom Klerus, also von oben, sondern entstand an der Basis, von unten. Ihre

Vertreter waren meist theologisch ungebildete Laien. Sie waren vom Evangelium Jesu begeistert und wollten es in ihrem Leben umsetzen, den Fußspuren ihres Meisters nachgehen. Leider entwickelten sich einige dieser neuen Gruppierungen nicht nur neben, sondern gegen die Kirche. Sie wurden so zu Sekten, die sich von der katholischen Kirche abspalteten. Zum Teil vertraten deren Mitglieder abstruse theologische Ansichten.

Eine der Bewegungen scharte sich um Petrus Waldes. Ihre Mitglieder nannten sich „Waldenser". Diese Gemeinschaft gilt als eine der ersten reformatorischen Kirchen. Waldes stammte aus Lyon. Auch er war zunächst ein reicher Kaufmann wie Franz von Assisi. Er nahm sich die Worte Jesu an den reichen Jüngling zu Herzen, verkaufte all seine Güter und verteilte den Erlös unter den Armen. Er ließ die lateinische Bibel übersetzen und begann, sie mit Gleichgesinnten zu lesen. Die Bischöfe waren von dieser Laienbewegung nicht begeistert. Sie wandten sich deshalb an Papst Innozenz III. Dieser gab ihnen zur Antwort, sie sollen sie gewähren lassen. Eines war dem Papst allerdings sehr wichtig: Die Bischöfe sollten darauf achteten, dass die Übersetzung der Bibel keine Irrtümer enthalte.

Die Anhänger dieser Bewegung wollten „leben wie Christus und die Apostel". Als sie begannen, mit großem Eifer den Menschen das Evangelium Jesu Christi zu predigen, war der Konflikt mit der Kirche vorgegeben. Sie setzten sich über die Verordnungen der

Kirche hinweg, die keine Laienpredigt vorsah, sondern nur Predigten durch Kleriker.

Nur wenige Waldenser waren biblisch oder dogmatisch geschult. Sie warfen Priestern und Bischöfen vor, sie würden zu wenig authentisch den christlichen Glauben leben. Unter ihnen verbreitete sich die Auffassung, die Vollmacht zur Predigt sei nicht an die Weihe gebunden. Jeder gute und vorbildliche Christ, der konsequent im apostolischen Sinn lebe, könne die Messe feiern und das Evangelium auslegen. Gerade darin sah die Kirche ein wesentliches Merkmal für das Ketzertum.

Deshalb ist es auch zu verstehen, dass die römische Kurie Franziskus und seinen Brüdern vorerst recht skeptisch begegnete. Aus diesem Grunde sprach der heilige Franz von Assisi immer wieder über die Themen: „katholisch sein" und „katholisch handeln". Darum formulierte er im letzten Kapitel der definitiven Regel:

„... auf dass wir, allezeit den Füßen dieser heiligen Kirche untertan und unterworfen, feststehend im katholischen Glauben, die Armut und Demut und das heilige Evangelium unseres Herrn Jesus Christus beobachten, was wir fest versprochen haben."[39]

„Papst Innozenz III. hat die Gefahr erkannt, dass die breite religiöse Bewegung mit ihrem neuen Inhalt der Nachfolge Christi sich an der Kirche vorbei entwickelte, sich sogar gegen die Kirche wandte. Als er

---

[39] Bullierte Regel 12, V 4, in: Leonhard Lehmann, *Das Erbe der Armen, Fanziskus-Schriften,* Kevealer 2003.

dem heiligen Franziskus und seiner Gemeinschaft die kirchliche Approbation erteilte, gewährte er dem neuen Ideal christlichen Lebens Heimrecht in der Kirche. Denn Franziskus trug all die religiösen Sehnsüchte seiner Zeit in sich, wollte sie aber nur in der Kirche leben. Damit wurde die Möglichkeit gegeben, das der Kirche entfremdete Volk wieder der Kirche zuzuführen. Durch Franziskus und seine Brüder – ebenso durch Dominikus und seinen Orden – konnte die Kirche nun nachweisen, dass man den Weg der Nachfolge Christi genauso streng und konsequent gehen konnte wie die anderen und dabei noch ganz im Rahmen der katholischen Kirche bleiben konnte. Nicht nur die Lehre, sondern auch durch das eigene Leben geschah bei diesen neuen kirchlichen Orden das apostolische Wirken."[40]

Viel gefährlicher als die vorher genannten Laienbewegungen war jene der Katharer. Von ihrem Namen ist das deutsche Wort „Ketzer" abgeleitet. *Kathari* bedeutet „rein", „die Reinen". Sie vertraten die Meinung, dass alles Materielle, alles Irdische vom Bösen sei, weil es von einem bösen Gegengott stamme. Auch die Schöpfung war für sie aus der Hand des Teufels. Zum Materiellen gehörten für sie auch alle Sakramente der Kirche. Wer nach ihrer Meinung „rein" war, musste sich von jeglichem Unreinen enthalten. Der menschliche und tierische Geschlechtsakt

---

[40] Lothar Hardick, a.a.O., 44.

galt als unrein. Selbst Speisen galten dadurch nach ihrer Auffassung unrein: Milch, Eier, Brot, Wein, Fleisch. Fisch hingegen galt als rein.

Es war für sie, die nach der Stadt Albi auch „Albigenser" genannt wurden, undenkbar, dass Christus als Mensch gewordener Gott einen materiellen Leib gehabt hatte. Sie vertraten die Theorie, dass Jesus nur einen Scheinleib angenommen und deshalb auch nur zum Schein gelitten habe.

Ihre Lehre war in keiner Weise christlich. An die Stelle der Erlösung durch Christus trat die Selbsterlösung durch ein asketisches Leben. Wir können sie als die Esoteriker des Mittelalters bezeichnen. Viele Menschen liefen ihnen nach, weil sie nicht zwischen Leben und Lehre unterscheiden konnten. Viele einfache Leute sahen das reine und tadellose Leben mancher Katharer. Sie hielten dieses Leben verständlicherweise für besser als das negative Beispiel so mancher Kleriker der damaligen Zeit.

Predigt durch gute Taten

In diese schwierige Situation hinein sandten die Oberen den jungen Portugiesen Antonius zur apostolischen und missionarischen Predigt. Bereits zu Beginn seiner Predigttätigkeit war für Antonius klar, dass auch die besten und schönsten Predigten nicht überzeugen und belehren können, wenn der Prediger nicht das lebt, was er anderen predigt. Franziskus ermahnte seine Brüder immer wieder, dass sie durch

Werke predigen sollen. Bei Antonius fiel diese Ermahnung auf fruchtbaren Boden. Die Zuhörer spürten, dass er das, was er verkündigte, auch selbst lebte.

Offen benannte Antonius von Beginn an die sozialen Missstände. Damit erntete er natürlich nicht nur Zustimmung. So lesen wir in seinen Predigtskizzen:

„Der Wucherer verfluchtes Volk war groß und stark auf Erden. Gleich Zähnen von Löwen sind ihre Zähne. Zwei Eigenschaften besitzt der Löwe: den unbeugsamen Nacken, denn er fürchtet weder Gott noch scheut er die Menschen; sein Mund riecht gar übel, denn er führt nichts anderes im Munde als nur dreckiges Geld und seinen schmutzigen Wucher. Den jungen Löwen gleich sind seine Zähne (Joel 1,6), denn er verzehrt und verschlingt der Armen, Waisen und Witwen Gut."

Und an anderer Stelle sagt Antonius:

„Wer einem Menschen die Kehle zuhält, nimmt ihm die Stimme und das Leben. Des Armen Habe ist sein Leben, und wie das Leben vom Blut, muss er davon leben. Nimmst du dem Armen sein geringes Gut, dann saugst du sein Blut, dann erwürgst du ihn und wirst am Ende selbst vom Teufel erwürgt."

Sogar gegenüber den Klerikern nimmt er kein Blatt vor den Mund:

„Wer gerne herrschen möchte, setzt Gold- und Silbergeld zum Pfand an die Kurie, bei Ostiariern und Notaren, denn sie verstehen das Melken gar vortrefflich; sie saugen der Armen Blut und erleichtern der Reichen Börse, geben das Geld an Neffen und Nichten und oft selbst an Söhne und Töchter. Gesuche nehmen sie nur gegen Quittung an und wollen Gold und Silber in großen Mengen dafür haben. Sie entblößen die Menschen von allem, nehmen ihnen sogar noch die Kleider, machen selbst die Männer in den Städten klagen, und der Getroffenen Seelen schreien zum Herrn; Gott aber wird nichts unvergolten lassen. Haben sie gegen das Licht ihrer besseren Einsicht gehandelt, so werden sie dann das Licht der Gnade und der Kirche verlieren."[41]

Diese Worte sind klar und konkret. Die Predigten schlugen bei den Leuten wie ein Blitz ein. Der Andrang für den Empfang des Bußsakramentes wurde deshalb immer größer. Antonius führte die Menschen wirklich zu Buße und Umkehr. Er war nicht allein auf die Macht seines Wortes angewiesen. Er konnte den Menschen auch Dinge klar und deutlich demonstrieren. Hören wir dazu ein ganz eindrückliches Beispiel:

„Da war in Florenz einer der Geldmagnaten gestorben, der durch seine Geldgeschäfte so mächtig geworden war, dass er auch der Stadtregierung seinen Willen aufzwingen konnte. Als nun die Leiche zum Begräbnis getragen wurde, griff Antonius ein. Er stoppte den Leichenzug und rief den Menschen zu, der Verstorbene sei nicht würdig, ein christliches Begräbnis zu erhalten. Man solle die Leiche öffnen und werde darin gar kein Herz finden. Das Herz sei viel-

[41] Lothar Hardick, a.a.O., 47–48.

mehr im Geldkasten des Toten. Man folgte dieser Aufforderung und fand das Herz des Geizigen tatsächlich nicht in der Leiche, sondern bei dem Geld des Verstorbenen."[42]

Der Bericht verdeutlicht uns, was Antonius in seinen Predigten sagte. Es ist nichts anderes als das, was im Matthäus-Evangelium steht: „Wo dein Schatz ist, da ist auch dein Herz" (Mt 6,21).

Auseinandersetzung mit den Katharern in Rimini

Es ist nicht überraschend, dass Antonius sich auch mit den Kritikern der Kirche seiner Zeit auseinandersetzen musste. Besonders den Katharern war er ein unbequemer Gegner. Mit schönen Worten und fadenscheinigen Theorien war ihm nicht beizukommen. Er war seinen Gegnern geradezu lästig. Sie begannen, den Minderbruder zu diffamieren. So stellten sie Antonius als Heuchler dar, der anderen Wasser predigte und selbst Wein trank.

Rimini, die Stadt an der Adria, war für Antonius ein besonders schwieriges Pflaster. Bereits im Jahr 1180 hatte der dortige Bischof die Katharer aus seinem Sprengel vertrieben. Die Bevölkerung war jedoch von der asketischen Lebensweise der Sektierer tief beeindruckt. Auf vielseitigen Druck ließ sie der

---

[42] Lothar Hardick, a.a.O., 48.

Bürgermeister deshalb wieder in die Stadt zurückkehren.

Eines Tages kam Antonius nach Rimini, um gegen diese Häresie zu predigen. Einige fanatische Anhänger wollten das verhindern und luden den „Hammer der Ketzer" zu einer Mahlzeit ein, um ihn zu vergiften. Antonius durchschaute ihre Bosheit. Er berief sich auf die Bibelstelle: „Wenn sie … tödliches Gift trinken, wird es ihnen nicht schaden" (Mk 16,18). So geschah es auch. Antonius aß und blieb am Leben.

Die Fischpredigt

Antonius' Gegner versuchten mit allen Mitteln, ihm das Predigtpublikum abzuwerben. Es gelang ihnen tatsächlich, die Zuhörerschaft von seiner Predigt fernzuhalten. Davon erzählt eine zweite wichtige Begebenheit. Auch sie gehört zu seinen Auseinandersetzungen mit den Katharern und wird wiederum in Rimini lokalisiert: die berühmte Fischpredigt des heiligen Antonius. Sie stammt aus den *Fioretti* oder der *Blütenlegende* des heiligen Franziskus von Assisi. Antonius wurde auch mit diesem Angriff fertig. Im Kapitel 40 der *Blütenlegende* heißt es:

„Da Christus, der Gebenedeite, die Heiligkeit seines treuen Dieners, des heiligen Antonius, zeigen wollte und wie andächtig man seiner Predigt und Lehre zuhören müsse, beschämte er die Torheit der ungläubigen Häretiker unter anderem einmal durch die vernunftlosen Tiere, ähnlich wie er in früheren Zeiten im Alten Testament durch den Mund des Esels die Unwissenheit Balaams tadelte (vgl. Num 22,28 ff.). Als nun der heilige Antonius in Rimini war, wo es eine große Zahl von Häretikern gab, wollte er diese zum Licht des wahren Glaubens und auf den Weg der Wahrheit zurückführen, predigte ihnen mehrere Tage lang und disputierte über den Glauben an Christus und über die Heilige Schrift. Weil diese aber nicht nur seinen heiligen Reden keineswegs zustimmten, sondern ihn in ihrer Verstocktheit und Verhärtung nicht einmal hören wollten, ging der heilige Antonius eines Tages auf göttliche Eingebung hin weg zur Flussmündung ans Meer. Er stand am Ufer zwischen Fluss und Meer und begann nach Art einer Predigt zu den Fischen im Namen Gottes zu sprechen: ‚Hört das Wort Gottes, ihr Fische des Meeres und des Flusses, weil die ungläubigen Häretiker sich weigern, es zu hören.' Kaum hatte er dies gesagt, da kam sogleich eine so große Menge von Fischen ans Ufer, große, kleine und mittelgroße, wie man sie nie zuvor in jenem Meer oder im Fluss gesehen hatte. Sie streckten ihre Köpfe aus dem Wasser und standen aufmerksam vor dem Antlitz des heiligen Antonius, alle in größter Stille, Ruhe und Ordnung. Vorne, ganz nah am Ufer nämlich standen die kleineren Fischlein, hinter ihnen die mittleren und noch weiter hinten, wo das Wasser schon tiefer war, die größeren Fische.

Als die Fische so Reih und Glied an ihrem Platz waren, fing der heilige Antonius feierlich zu predigen an: ‚Meine Brüder Fische, ihr seid gar sehr verpflichtet, nach eurer Möglichkeit dem Schöpfer zu danken. Er hat euch ein so vornehmes Element als Wohnung gegeben, sodass ihr, wie es euch gefällt, süßes und salziges Wasser zur Verfügung habt. Er hat euch viele Schlupfwinkel gegeben, um den Stürmen zu entkommen. Er hat euch obendrein ein klares und durchsichtiges Element gegeben sowie Nahrung, sodass ihr davon leben könnt. Gott, euer großzügiger und gütiger Schöpfer, hat euch, als er euch schuf, das Gebot gegeben, zu wachsen und euch zu vermehren, und dazu gab er euch seinen Segen (vgl. Gen 1,22). Als dann die große Flut kam und alle anderen Tiere starben (vgl. Gen 7,21), bewahrte Gott euch allein ohne Schaden. Er gab euch Flossen, um hinzueilen, wohin ihr wollt. Euch wurde es gewährt, auf Befehl Gottes den Propheten Jona zu retten und ihn nach dem dritten Tag gesund und heil wieder an Land zu werfen (vgl. Jona 2). Ihr habt unserem Herrn Jesus Christus die Steuermünze angeboten, da er als Armer nichts besaß, um sie zu zahlen (vgl. Mt 17,27). Ihr wart Speise des ewigen Königs Jesus Christus vor seiner Auferstehung und durch ein einzigartiges Mysterium auch danach (vgl. Lk 24,42). Wegen all dieser Dinge seid ihr sehr verpflichtet, Gott zu loben und zu preisen, der euch mehr als den anderen Kreaturen so viele Wohltaten erwiesen hat.‘

Auf diese und ähnliche Worte und Weisungen des heiligen Antonius hin begannen die Fische, ihre Mäuler zu öffnen und ihre Köpfe zu neigen. Mit solchen und anderen Ehrfurchtsbezeichnungen lobten sie Gott auf jene Weise, die ihnen möglich war. Als der heilige Antonius diese Ehrfurcht der Fische gegen den Schöpfergott sah, frohlockte er im Geiste (vgl. Lk 10,21) und sprach mit lauter Stimme: ‚Gepriesen sei der ewige Gott (vgl. Tob 13,2), weil ihn die Fische in ihren Wassern mehr ehren als Menschen in ihren Häresien und weil unvernünftigen Tiere sein Wort besser hören als die ungläubigen Menschen. Je länger der heilige Antonius predigte, desto mehr wuchs die Menge der Fische, und keiner rührte sich vom Platz, den er eingenommen hatte.

Auf dieses Wunder hin begann auch das Volk der Stadt zusammenzulaufen, darunter kamen auch die oben genannten Häretiker. Als sie dieses staunenswerte und offenkundige Wunder sahen, warfen sie sich alle mit zerknirschtem Herzen dem heiligen Antonius zu Füßen, um seiner Predigt zu lauschen. Da begann der heilige Antonius über den katholischen Glauben zu predigen und er predigte darüber so edel, dass sich all jene Häretiker bekehrten und er sie zum wahren Glauben an Christus hinführen konnte. Alle Gläubigen aber empfanden darüber große Freude und Trost und wurden in ihrem Glauben bestärkt. Danach entließ der heilige Antonius die Fische mit dem Segen Gottes, und sie entfernten sich mit wundersamen Gesten der Freude, ebenso auch das Volk. Danach verblieb Antonius noch viele Tage in Rimini, predigte dort und brachte eine große geistliche Ernte an Seelen ein. Zum Lobe Christi. Amen."[43]

Das Esel- und Hostienwunder und der Ketzer Bonillo

Antonius hatte in Rimini außergewöhnlich große Schwierigkeiten mit seinen Gegnern. Davon berichtet eine weitere Wundererzählung. In der Stadt gibt es heute eine Kirche, die an das Hostienwunder des heiligen Antonius erinnert. Während des zweiten Weltkrieges wurde die Stadt sehr stark bombardiert. Siebzig Prozent der Häuser wurden zerstört oder stark beschädigt. Ausgerechnet die kleine Kirche, die am „Platz der drei Märtyrer" steht und an das eucharistische Wunder des Heiligen erinnert, blieb verschont. Ist dieses Wunder wiederum dem Heiligen aus Portugal zuzuschreiben?

Antonius lebte eine glühende Liebe zum Altarssakrament. Die *Predigtskizzen* des heiligen Antonius haben eine Reihe schöner Zeugnisse über sein tiefes eucharistisches Verständnis bewahrt. Zwei Beispiele seien hier angeführt:

„Auf dem Tabor wurde Christus verklärt. Dieser Berg versinnbildet den Altar, auf dem sich gleichfalls

[43] Blütenlegende 40, in: Dieter Berg (Hrg.), Leonhard Lehmann (Hrg.), *Franziskus-Quellen*, Kevelaer 2009, 1412 f.

eine Verklärung vollzieht, nämlich die Wesensverwandlung von Brot und Wein in Jesu Christi Fleisch und Blut. Durch dieses Sakrament kommt das Licht Gottes in die Seelen der Gläubigen."

An einer anderen Stelle sagt Antonius weiter darüber:

„Daran müssen wir fest glauben und mit dem Munde bekennen: Jener Leib, den die Jungfrau gebar, der am Kreuze hing, im Grabe lag, am dritten Tage wieder auferstand, zur Rechten des Vaters auffuhr, diesen Leib hat er den Aposteln in Wahrheit gereicht. Ihn verwandelt die Kirche täglich und teilt ihn den Gläubigen aus.[44]

Wenn der Priester die Worte spricht: ‚Dies ist mein Leib', wandelt sich das Wesen des Brotes in Christi Leib."[45]

Für die Katharer war diese Position unannehmbar. Eine der Legenden berichtet über Bonillo. Er war mehr als dreißig Jahre Mitglied der Katharer. Nach der Auffassung der Seinen hatte er den obersten Grad der Vollkommenheit erreicht. Als überzeugter Albigenser lehnte er alle Sakramente der Kirche ab. Für ihn zählte nur das Geistige. Alles Materielle war für ihn wertlos, auch das Brot der Eucharistie.

Bonillo war beim Volk hoch angesehen. Da er dem redegewandten Antonius im Wortgefecht nicht ge-

---

[44] Vgl. Schriften über den heiligen Franz von Assisi und seine eucharistische Auffassung, in: Gottfried Egger, *Bruder Franz und Schwester Klara, zwei eucharistische Heilige*, Jestetten, 2007, 117.

[45] Sophronius Clasen, a.a.O., 212–213.

wachsen gewesen wäre, schlug er ihm vor: Nur ein Wunder könnte ihn zum eucharistischen Glauben führen. Antonius entgegnete: Man solle einen seit drei Tagen hungernden Maulesel zwischen einen Haufen Hafer und eine konsekrierte Hostie stellen. Es zeige sich dann, wohin sich das Tier wenden werde.

Als der Tag gekommen war, zelebrierte der Heilige auf dem Platz der drei Märtyrer in Rimini die heilige Messe. Dann wurde der Esel gebracht und Antonius trug ehrfurchtsvoll die konsekrierte Hostie in seinen Händen. Bonillo streckte dem Tier den Hafer entgegen. Da geschah das Unfassbare: Der ausgehungerte Maulesel kniete sich vor dem eucharistischen Herrn nieder, als würde er ihn anbeten. Ein vernunftloses Tier ging vor der Eucharistie in die Knie. Das beeindruckte die Zeugen zutiefst, auch den überzeugten Katharer Bonillo. Er bekehrte sich gemeinsam mit anderen Glaubensgenossen zur katholischen Kirche.

Die älteste Antoniusbiografie vermerkt dazu:

„Während dieses seines Umherziehens, wobei er auf jegliche Ruhepause zugunsten der dürstenden Seelen verzichtete, kam er dem Willen des Himmels gemäß in die Stadt Rimini. Als er sah, dass hier viele von den Machenschaften der Ketzer irregeführt worden waren, versammelte er die gesamte Bevölkerung und begann voller Leidenschaft zu predigen; er, der die Sophismen der Philosophen nicht erlernt hatte, wusste einleuchtender als die Sonne die schlauen Behauptungen der Ketzer zu widerlegen. Sein machtvolles Wort und die heilsame Lehre schlugen solch tiefe Wurzeln in den Herzen der Zuhörer, dass – nachdem die Verblendung der Irrlehre beseitigt war – eine Menge von Gläubigen sich treu dem Herrn wieder näherten. Unter ihnen war ein Ketzer namens Bonillo, der seit dreißig Jahren von den Strudeln des Unglaubens verschlungen wurde. Der Herr brachte ihn durch seinen Diener Antonius wieder auf den Weg der Wahrheit; nachdem er Buße getan hatte, gehorchte er bis ans Ende seiner Tage ehrlich den Geboten der heiligen römischen Kirche."[46]

Die Predigt im Minderbrüderorden

Zur Zeit des heiligen Antonius machte die Kirche einen deutlichen Unterschied bei den Predigtweisen. Aus seiner Zeit unterscheiden wir drei Predigttypen:

1. Die Exhorte
2. Die Sitten- oder Bußpredigt
3. Die Schrift- oder Glaubenspredigt

Franz von Assisi war der erste Ordensgründer, der in seiner Regel ein Kapitel über die Prediger verfasste.

[46] Assidua, a.a.O., 9, 4–6.

Die Exhorte

In der ersten Zeit übten die Brüder nur die Exhorte[47] aus. Wie die Apostel sprachen sie in den Häusern, auf dem Feld, wo sie arbeiteten, oder auf den Straßen, auf öffentlichen Plätzen, wo immer sich Gelegenheit bot, kurze Worte der Ermahnung. Diese begannen mit dem evangelischen Gruß: „Der Herr gebe euch den Frieden."

Es handelte sich hier also nicht um eine eigentliche Predigt, sondern eher um eine Aufmunterung zur Buße, zum Frieden und zum Guten. Die Exhorte wurde unabhängig von der eigentlichen Predigt auch in späterer Zeit noch gepflegt.

Die Sitten- oder Bußpredigt

Inhaltlich unterscheidet sich die Sitten- oder Bußpredigt kaum von der Exhorte. Sie wurde aber im Namen und im Auftrag der Kirche vollzogen. Somit durfte sie auch in der Kirche und beim liturgischen Gottesdienst gehalten werden. Sie wurde allerdings nur jenen Brüdern anvertraut, die für die Verwaltung des Predigtamtes geeignet waren und vom Provinzial bzw. vom Generalminister dazu beauftragt wurden.

Inhalt dieser franziskanischen Predigten war vor allem, über Tugenden und Laster, die Mühen und die

---

[47] Aufbauende Ermahnung.

kommende Herrlichkeit zu sprechen. Aus dem Leben und den Schriften des heiligen Franziskus von Assisi wissen wir, worüber er mit Vorliebe predigte: über die Größe Gottes, den Lobpreis, die Gebote, den Frieden, die Buße, die Beichte und die Kommunion.

Die Schrift- und Glaubenspredigt

Diese Predigt war ausschließlich den gebildeten Brüdern vorbehalten. Petrus Waldes kam gerade deswegen mit der Kirche in Konflikt, weil er sich der Schriftpredigt und ihrer Auslegung ermächtigte.

Im Jahr 1201 erteilte Papst Innozenz III. den Humiliaten[48] die Ermächtigung zur Sittenpredigt. Aber sie durften nicht über die Glaubensartikel und die Sakramente predigen (vgl. Exhorte). Bruder Franz und seine ersten Brüder bekamen zunächst die Erlaubnis für die Sittenpredigt. Der Papst versicherte ihnen, er würde ihnen mehr zugestehen, sobald sie sich vermehrt und vor allem als Bußprediger bewährt hätten.

Das IV. Laterankonzil (1215) verlangte die Aussendung tüchtiger Wanderprediger. Sie sollten von Pfar-

---

[48] Die Humiliaten waren eine Armuts- und Bußbewegung im 13. Jahrhundert in Norditalien. Ursprünglich waren sie eine Laiengemeinschaft, die dann ab dem Jahr 1201 als Orden anerkannt wurde. Ihre Mitglieder lebten vor allem von der gemeinschaftlichen Arbeit in Handwerksgenossenschaften. Sie waren bestrebt, ein einfaches, demütiges (lat. *humilis*, „niedrig, klein, unbedeutend, demütig") Leben in der Nachfolge Jesu zu führen.

rei zu Pfarrei ziehen, das Wort Gottes verkünden und das Bußsakrament spenden. Dieses Apostolat wurde vor allem durch den Predigerorden (Dominikaner) und den Orden der Minderbrüder (Franziskaner) übernommen.

Gerade in Oberitalien und in Frankreich war der Glaube aufs Äußerste bedroht. Dort brauchte man die systematische Predigt (vgl. 3. Typ). Die Prediger setzten sich zum Teil mit sehr gebildeten und schlagfertigen Menschen auseinander. Antonius „bot in seinen Predigten nicht nur eine theologisch tief fundierte Darlegung des kirchlichen Glaubens, sondern er beherrschte auch souverän die Kunst der Disputation und war den Häretikern vor allem an biblischem Wissen weit überlegen".[49]

Erster Professor des Minderbrüderordens

Antonius besaß eine hervorragende theologische Ausbildung. Er war dadurch prädestiniert, als Prediger gegen die Häresien der damaligen Zeit vorzugehen. Er konnte, wie wir bereits gehört haben, den Häretikern von Angesicht zu Angesicht gegenübertreten und die Glaubenslehren der Kirche verteidigen. Vielen Brüdern fehlten diese Voraussetzungen.

Der heilige Franziskus stand theologischen Studien zunächst sehr reserviert gegenüber. Er hatte seinen

[49] Lothar Hardick, a.a.O., 60.

Orden ganz bewusst „Orden der Minderbrüder" genannt, da er fürchtete, die Brüder könnten sich durch ein solches Studium vom Geist des Minderseins, des Kleinseins, abkehren. Dennoch wusste er sich und seinen Orden in den Dienst der Kirche berufen. Er erkannte, dass die Brüder den wichtigen Dienst der Verkündigung nur ausführen konnten, wenn sie dazu auch entsprechend geschult wurden.

Der heilige Antonius war ein hervorragend ausgebildeter Theologe, der sich bis dahin im Hintergrund gehalten hatte. Er war gebildet genug, um seinen Brüdern das nötige theologische Rüstzeug zu vermitteln. Die Brüder baten ihn deshalb, diesen Dienst zu übernehmen. Doch der demütige Portugiese wollte den Dienst des Lehrers erst annehmen, wenn Bruder Franz ihm dazu die Berechtigung gäbe.

Franziskus war kein Theologe. Von sich selbst sagte er, dass er unwissend und ungebildet sei.[50] Auch von vielen seiner Brüdern konnte er zu Recht sagen: „Und wir waren ungebildet und jedermann untertänig."[51] Er besaß aber eine große Ehrfurcht gegenüber dem gesprochenen und geschriebenen Wort.

Im Sakrament der heiligen Eucharistie sah er den Fleisch und Blut gewordenen Sohn Gottes. Es war ihm wichtig, dass dieses Geheimnis über alles verehrt und an kostbaren Orten aufbewahrt wurde. Auch die

---

50 Brief an den Orden 39, in: Leonhard Lehmann, *Das Erbe eines Armen, Franziskus-Schriften*, Kevealer 2003.

51 Ebd., Testament 19.

geschriebenen Worte des Herrn, besonders die Wandlungsworte, sollten in besonderer Weise verehrt werden. Damals wurden sie häufig auf Tafeln festgehalten und standen auf dem Altar.

„Die heiligsten Namen und seine geschriebenen Worte will ich, wo immer ich sie an ungeziemenden Stellen finden werde, auflesen, und bitte, dass sie aufgelesen und an einen ehrbaren Ort hingelegt werden."[52]

Franziskus ehrt die Priester, weil er in ihnen den Sohn Gottes erkennt, der allein durch sie die heilige Eucharistie den Menschen schenkt. So ehrt er auch die Theologen, die das Wort Gottes auslegen. Darum sagt er im Testament:

„Und alle Gottesgelehrten und jene, die Gottes heiligste Worte mitteilen, müssen wir hochachten und verehren als die, die uns Geist und Leben vermitteln."[53]

Einem solchen Mitbruder, wie Antonius es war, konnte er den Dienst des Wortes anvertrauen. In einem Brief schrieb er ihm:

„Dem Bruder Antonius, meinem Bischof, wünsche ich, Bruder Franziskus, Heil. Es gefällt mir, dass du den Brüdern die heilige Theologie vorträgst, wenn du nur nicht durch dieses Studium den Geist des Gebetes und der Hingabe auslöschest, wie es in der Regel steht."[54]

---

52 Testament 12, in: Leonhard Lehmann, *Das Erbe eines Armen, Franziskus-Schriften*, Kevelaer 2003.

53 Ebd., Testament 13.

54 Ebd., Brief an Antonius.

Antonius ist kein Bischof im kirchenrechtlichen Sinn. Franziskus bringt in dieser Anrede seinen großen Respekt vor denen zum Ausdruck, die den anderen „Geist und Leben mitteilen". Der Bischof ist für seine Diözese Verwalter und erster Verkünder des Wortes Gottes. Durch ihn spricht und wirkt Christus. Franziskus sieht so auch Antonius, den Gottesgelehrten, den Theologen.

Dazu schreibt Johannes Schneider: „Franziskus verstand das Amt der Lehrtätigkeit als bischöfliches Amt und hatte eine solche hohe Meinung vor diesem, dass es ihm nahezu für einen Minderbruder zu hoch schien, weshalb er nachdrücklich auf jenes Leben im Geist der Hingabe verweist, wie es ein jeder Minderbruder der Regel und dem Evangelium gemäß gelobt hatte. Den Geist des Anfangs nicht verlieren, das war für Franziskus am Ende seines Lebens, in dessen Zeitraum dieser Brief entstanden ist (circa 1223), das dringendste und schmerzlichste Anliegen, hatte doch der Orden ab 1220 einen überaus großen Zustrom an Akademikern zu verzeichnen. Dass Franziskus gerade dem demütigen Antonius, der zu Beginn seine Weisheit so verborgen und nur im Gehorsam ans Licht gebracht hatte, das Vorrecht der Lehrtätigkeit eingeräumt hatte, ist wohl ein Zeichen persönlicher Zuneigung und großen Vertrauens. Vielleicht war dieser junge Portugiese für ihn ein Zeichen der Hoffnung, dass auch ein so großer Gelehrter ein armer Minderbruder sein konnte, und dass die Wissenschaft, wenn sie so betrieben wurde, wie dieser es tat, den Geist des Gebetes und der Hingabe auch in Zukunft nicht auszulöschen vermochte."[55]

Erste Ordensschule in Bologna

Bereits im Jahr 1086 wurde die Universität in Bologna gegründet. Sie war die erste Italiens und hatte wegen ihres Rechtsstudiums einen besonders guten Ruf. In Bologna und damit in der Nähe dieser wichtigen Ausbildungsstätte wurde die erste Ordensschule der Franziskaner gegründet. Franziskus ernannte Antonius zum ersten Lehrmeister. Im Zeitraum von 1223 bis 1224 unterrichtete Antonius Theologie im Konvent der Brüder von *S. Maria della Pugliola*.

Wir wissen nur wenig über den Inhalt seiner Lehrveranstaltungen, auch die Methode seines Unterrichts ist uns weitgehend unbekannt. Ebenso erfahren wir nicht, wer seine Schüler waren. Einiges kann man aus seinen *Sermones* („Predigtskizzen") entnehmen. Sie wurden nach den Vorbereitungsskizzen seiner Lektionen verfasst.

Mit Sicherheit profitierten die Minderbrüder von der Nähe zur Universität in Bologna. Die Brüder konnten vermutlich die reichhaltige Bibliothek für ihre Studien benutzen. Das war ein großer Vorteil. Der Buchdruck war kaum entwickelt. Die meisten Bücher waren als Handschriften große Schätze. Sehr

---

[55] Johannes Schneider, *Mariologische Gedanken in den Predigten des heiligen Antonius von Padua*, Werl 1984, 34.

wahrscheinlich unterrichteten von Anfang an Professoren der Universität an der neuen Ordensschule.

Wie damals üblich war Bruder Antonius in Bologna nicht nur Lehrender, sondern auch Lernender. Aus heutiger Sicht ist dies überraschend. Die Nähe zur Universität und der Kontakt zu den Professoren boten ihm die Möglichkeit, seine Studien von Coimbra fortzusetzen und zu vertiefen.

In Bologna traf er einen bedeutenden Theologen seiner Zeit wieder: seinen ehemaligen Mitbruder Thomas aus der Abtei der Augustiner-Chorherren in Vercelli. Prior Thomas Gallus war in der berühmten Abtei von Sankt Viktor in Paris ausgebildet worden. Deshalb gab man ihm den Zunamen „Gallus", der Gallier.[56] Antonius konnte bei diesem großen Lehrer seine Bildung vervollkommnen und erhielt durch ihn wohl einige wertvolle Hinweise. Thomas Gallus schätzte Bruder Antonius sehr. In einem Brief schrieb er über Antonius:

„Bruder Antonius von den Minderbrüdern, mein guter Freund, strebte danach, die mystische Theologie kennenzulernen. Er eignete sie sich so gut an, dass ich von ihm sagen kann, was man von Johannes dem Täufer sagte: ‚Er war ein helles Licht, das durch das gute Beispiel nach außen strahlt.'"[57]

---

[56] Thomas Gallus war Verfasser eines großen Kommentars zur mystischen Theologie des Dyonisius Aeropagita, eines Werkes, das im Mittelalter eine sehr große Bedeutung hatte.

[57] Lothar Hardick, a.a.O, 63.

Prediger in Frankreich

Das Gedankengut der Katharer hatte seine größte Verbreitung in Südfrankreich gefunden. Dort wiederum befand sich das größte Bollwerk in der Stadt Albi. Von dieser Stadt wurde auch der Name „Albigenser“ abgeleitet.

Wie bereits beschrieben, glaubten die Albigenser oder Katharer, wie sie auch genannt wurden, an einen bösen Gott, den sie Satan gleichsetzten. Er soll nach ihrer Auffassung die Welt des Materiellen geschaffen haben und sei deshalb auch die Ursache für alles Übel und bringe Tod und Elend. Der gute Gott hingegen habe die Seelen und Geister geschaffen. Weil nur die Seele von Gott sei, der Leib und alles Stoffliche aber vom Teufel, leugneten sie deshalb die Menschennatur Jesu.

Die Katharer wollten sich auf jede mögliche Art von der schlechten Materie befreien. Sie kritisierten öffentlich die Lehren der Kirche und das Verhalten ihrer Mitarbeiter. Lauheit und das nicht immer sittenreine Leben der Kleriker wurden in dieser Zeit von vielen Gegnern kritisiert. Die Albigenser verurteilten aufs Schärfste die Ländereien und jegliche Besitztümer der Kirche. Sie übten moralischen Druck auf die Gläubigen aus: Man solle der Kirche aus diesen Gründen keinen Zehnten mehr entrichten. Damit wurden sie auch für die Politik interessant.

Wie konnte die Kirche mit dieser Kritik fertig werden? Dominikus de Guzmán[58], der Gründer des Predigerordens, erreichte mit seinen überzeugenden Predigten viele Menschen und führte sie zur Kirche zurück. Er überzeugte nicht nur durch schöne Worte, sondern vor allem durch seine Armut und seinen heiligmäßigen Lebensstil. Seine Mitbrüder folgten ihm darin. Massenbekehrungen gab es allerdings nicht.

Zwanzig Jahre lang führte die Kirche einen erbitterten Kreuzzug gegen die Albigenser. Dominikus und später auch Antonius versuchten, die schärfsten Sektierer durch ihr Wort und durch ihre authentische und evangelische Lebensführung zu überzeugen. Als beauftragter Prediger wanderte Antonius von Italien nach Südfrankreich in die Hochburg der Häretiker bis nach Arles.

Im September 1224, zum Fest des Erzengels Michael, berief Bruder Johannes Bonetti, Provinzial der Provence, ein Kapitel nach Arles ein. Antonius wurde eingeladen, den Brüdern eine Predigt zu halten. Auf verschiedenen Kunstbildern jener Zeit ist das wunderbare Geschehen festgehalten worden. Denken wir nur an den Franziskus-Zyklus in der Oberkirche *San Francesco* in Assisi. Während Antonius mit großer Leidenschaft über die Worte „Jesus von Nazareth, König der Juden" predigte, soll Bruder Monaldo, ein Begleiter des Provinzials Johannes, beim Eingang des

---

[58] Dominikus de Guzmán, geboren um 1170 in Caleruega bei Burgos, Spanien. Vorerst Augustiner-Chorherr, danach Begründer des Predigerordens *(Ordo Predicatorum OP)*, volkstümlich „Dominikaner" genannt. Er starb 1221 in Bologna.

Hauses Franziskus über der Versammlung der Brüder schwebend gesehen haben, die Hände ausgebreitet wie ein Kreuz, die Brüder segnend. Als Bruder Monaldo dieses Geschaute erzählte, waren die Brüder sehr erfreut und betrachteten sich vom Ordensgründer als gesegnet. Gerade in dieser Vision sah man so etwas wie eine Beglaubigung der Sendung des Bruders Antonius durch den Ordensgründer selbst, der etwa zu dieser Zeit (17. September) auf dem Berg La Verna die Wundmale des Herrn empfing.

Die Bekehrung der Irrlehrer sah Antonius als seine Mission an. Um sie wirkungsvoll umsetzen zu können, drängte es Antonius immer weiter. Bereits in Italien ging er nach Rimini, ins geistige Zentrum der Katharer; in Frankreich reiste er zuerst nach Montpellier, dann weiter zur Hochburg nach Toulouse. Mit unerschütterlichem Glauben predigte er dem Volk unerschrocken. Die Kirchen waren oft viel zu klein, um die Menschenmengen zu fassen. Antonius predigte deshalb häufig im Freien. Es war ihm ein großes Anliegen, von der Wahrheit zu predigen und damit die Menschen zu überzeugen. Seine große Kenntnis der Heiligen Schrift und der Kirchenväter trugen ihm deshalb den Namen „Hammer der Ketzer" ein. Er brachte in seiner Verkündigung so überzeugende Argumente, dass die Gegner nicht wagten, ihm zu widersprechen. Tausende wurden durch sein mächtiges und überzeugendes Predigtwort zur Kirche zurückgeführt oder neu für die Kirche gewonnen.

Neben der Verkündigungsarbeit unterrichtete Antonius immer wieder seine Mitbrüder in der Theologie und bereitete sie auf das wichtige Predigtapostolat vor. In diesem Dienst an den Brüdern wurde ihm auch das Amt des Guardian, des Hausverantwortlichen, für die Niederlassung Puye-en-Velay, etwa 300 Kilometer südlich von Toulouse, anvertraut.

In Puye-en-Velay wurde das wundertätige Marienbild der Schmerzen der Madonna verehrt. Die Menschen standen treu zu ihrem angestammten Glauben. Die Verehrung Mariens, der Mutter der Christenheit, weckte in ihnen eine tiefe Glaubenspraxis. Es darf uns deshalb nicht erstaunen, dass es hier praktisch keine Ketzer gab. Antonius wusste darum. Er fühlte sich deshalb auch zu diesen Menschen gesandt, um sie in ihrem Glauben zu bestärken und weiterzuführen. Er tat es unermüdlich. So wird über sein Wirken in Puy-en-Velay berichtet:

„Er leitete mit großer Umsicht und Güte die Brüder und führte die Menschen durch seine unermüdliche Predigt und sein herrliches Beispiel zu einem christlichen Leben."[59]

Es zeugt von seinem hohen Ansehen, dass Antonius auch von weit her um Rat gefragt wurde. Selbst hohe Würdenträger der Kirche wandten sich an ihn.

Erzbischof Simon de Sully von Bourges berief im Jahr 1225 eine Landessynode nach Bourges ein. Papst Honorius III. entsandte dazu eigens einen Legaten.

---

[59] Lothar Hardick, a.a.O., 71.

Der Kampf gegen die Häresien und die Evangelisierung Südfrankreichs waren wichtige Tagesordnungspunkte. Der Heilige aus Lissabon wurde vom Erzbischof als Berater eingeladen. An dieser Synode nahmen sechs Erzbischöfe, einhundert Bischöfe, Prälaten und Ordensobere teil. Antonius, der die wunden Punkte der Vertreter der kirchlichen Hierarchie kannte, nahm in seiner Predigt kein Blatt vor den Mund. Er hielt sich an die Weisung des heiligen Paulus an seinen Schüler Timotheus: „Verkünde das Wort, tritt dafür ein, ob man es hören will oder nicht; weise zurecht, tadle, ermahne, in unermüdlicher und geduldiger Belehrung" (2 Tim 4,2).

Die Synodalen konnten die Häretiker nicht ändern. Aber sie konnten selbst beginnen, als Menschen in der Gefolgschaft Jesu bescheiden und authentisch zu leben. Antonius sparte deshalb in seiner Predigt nicht mit Mahnungen und Zurechtweisungen. An den Erzbischof gewandt, sagte er: „Nun habe ich dir etwas zu sagen, du Träger der Mitra!" Antonius konfrontierte den Erzbischof mit dem, was er für sein Fehlverhalten hielt. Damit weckte er im Kirchenfürsten das schlafende Gewissen. Der Erzbischof ging in sich und änderte sein Leben von Grund auf. Weinend fiel er vor dem Bußprediger in die Knie, beichtete und bat ihn um sein Gebet. Diese ergreifende Szene wird wohl manchem unter die Haut gegangen sein. Das mutige Predigtwort belehrte den mächtigen und einflussreichen Kirchenfürsten. Das wiederum wirkte sich auf die Ortskirche, ja auf das gesamte Land aus. Denn „für Antonius war die Reform des christlichen Lebens, die nur von oben ausgehen konnte, die wirksamste Methode, um die Häresie der Albigenser zu bekämpfen. Darum wird er später schreiben: ‚Das Beispiel ihrer eigenen Lebensführung muss die Waffe ihrer Überredung sein. … Jener hat eine reiche Ernte, der nach dem lebt, was er lehrt'".[60]

Wenig später wurde Bruder Antonius Kustos, das heißt Verantwortlicher für eine Teilprovinz. Ganz offensichtlich war er auch im Kreis seiner eigenen Mitbrüder sehr geschätzt. Von 1226 bis Pfingsten 1227 wirkte er als Kustos von Limoges. Eine seiner wesentlichen Aufgaben war es, seine Mitbrüder zu bestärken. In der nicht bestätigten Regel des heiligen Franziskus heißt es dazu:

„… Und sie sollen die Brüder oft aufsuchen und geistlich ermahnen und bestärken."[61]

Seine besondere Sorge galt denen, die sich in der Sünde verirrt oder sich vom Glauben abgewandt hatten. Wie die Predigtskizzen zeigen, wies der Heilige die Sünder immer wieder auf Gottes unendliche Güte und Barmherzigkeit hin. Er gab den Menschen zu verstehen, dass Gottes Barmherzigkeit größer ist als alles noch so boshafte Verlangen des sündigen Menschen. Antonius war nicht nur Seelsorger seiner Mitbrüder, sondern aller, denen er auf seinen Wegen, in

---

[60] Paolo Scandaletti, a.a.O., 126.

[61] Nicht bullierte Regel 4, 2, in: Leonhard Lehmann, *Das Erbe der Armen, Franziskus-Schriften*, Kevelaer 2003.

einer Kirche oder auf öffentlichen Plätzen begegnete. Er war einfach der Bruder aller.

Rigaldus[62], der Historiker jener Zeit, sagt darüber Folgendes:

„Die gebildeten Leute bewunderten die Schärfe seines Geistes und seine große Beredsamkeit. ... Er verstand es, seine Rede auf die jeweiligen Zuhörer abzustimmen, sodass der Irrende den falschen Weg verließ, der Sünder bereute und umkehrte, der Gute sich aufgerufen fühlte, noch besser zu werden. Alles in allem ging keiner unzufrieden nach Hause."[63]

Aktion und Kontemplation

Antonius zog sich nach seinen Pastoraleinsätzen immer gern in die Stille und Einsamkeit zurück. Dort ließ er sich von Gott wieder mit neuen geistlichen Kräften beschenken. Er pflegte ein gesundes Gleichgewicht von Aktion und Kontemplation. Als Kustos von Limoges regte er eine neue kontemplative Niederlassung in Brive an. Der Ort ist circa einhundert Kilometer von Limoges entfernt. Dort richteten ihm seine Mitbrüder eine Grotte als Einsiedelei ein, in die sich der Wanderprediger von Zeit zu Zeit zurückzog.

---

[62] Bruder Johannes Rigaldus OFM schrieb zwischen 1293 und 1317 einen Bericht über das Leben des Heiligen (s. Anhang).

[63] Paolo Scandaletti, a.a.O., 127.

Wie sein Ordensvater Franziskus pflegte er, in Abgeschiedenheit und Gebet in mystischer Verbundenheit auf Gott zu hören. Der Heilige hatte erfahren und wollte es immer wieder erfahren, was er selbst in eigenen Worten ausdrückte: „Wer sich aus der unruhigen Welt in die Einsamkeit zurückzieht und dort ruht, dem erscheint der Herr."

Beim Herrn zu sein, bei IHM auszuruhen und dann wieder neu von ihm gesandt zu werden, war für Antonius von großer Bedeutung. Sosehr er sich in der Tätigkeit der Predigt, des Hörens der Beichte, des Visitierens der Brüder engagieren konnte, so ging er dabei doch nicht restlos in der Arbeit auf, sondern verstand es, sich immer wieder in die Stille und Sammlung zurückzuziehen.

„In Brive ist die Erinnerung an Antonius sehr lebendig geblieben. Das hängt mit zahlreichen wunderbaren Begebenheiten zusammen, die sich nach der Überlieferung dort zugetragen haben. Das berühmteste dieser Wunder ist eine Bilokation: Antonius wurde gleichzeitig an zwei Orten erlebt. Er stand in Montpellier in einer überfüllten Kirche auf der Kanzel und predigte. Da erinnerte er sich plötzlich daran, dass ihn daheim die Mitbrüder zum Gebet des *göttlichen Offiziums* erwarteten. Diese Pflichtenkollision löste er dadurch, dass er eben an beiden Orten gleichzeitig war. - Die parapsychologisch geschulten Theologen nehmen Bilokationen als möglich an und sagen, an dem einen Ort sei eine physische, an dem anderen Ort eine psychische Gegenwart gegeben. Ein kaum erklärbares Phänomen. – Wie es auch sei, diese Berichte zeigen, dass man Antonius unmöglich Erscheinendes zutraute."[64]

Rückkehr nach Italien

Im Herbst 1226 erreichte die Brüder in Frankreich die Nachricht vom Tod des Ordensgründers Franziskus. Das war für alle und besonders für Bruder Antonius eine schmerzliche Botschaft.

Im Jahr 1227 berief Bruder Elias von Cortona, der Stellvertreter von Franziskus, an Pfingsten ein Generalkapitel nach Assisi ein. Die Brüder, vorab die Guardiane, Kustoden und Provinziale, mussten nach Assisi reisen, um am Generalkapitel den Nachfolger für Franziskus zu wählen und auch über verschiedene Fragen der Bruderschaft und der Zukunft des Ordens zu verhandeln. Antonius nahm als Kustos von Limoges an diesem Kapitel teil.

Am 29. Mai 1227 wählten die versammelten Brüder in *Santa Maria degli Angeli* in Assisi, an der Wiege des Franziskanerordens, den Nachfolger des *Poverello*. Die Wahl fiel auf Bruder Johannes Parenti, den Provinzial von Spanien. Er hatte den damaligen Augustiner-Chorherrn Fernando de Bulhões als An-

[64] Lothar Hardick, a.a.O., 76.

tonius von Lissabon in den Orden der Franziskaner aufgenommen.

Provinzial der Provinz Romagna

Die veränderte Situation machte es notwendig, verschiedene Ämter neu zu verteilen. Antonius wurde zum Provinzial der Romagna ernannt. Er kannte dieses Gebiet schon von seiner Predigttätigkeit her aus den Jahren 1222 bis 1224. Damals umfasste diese Provinz fast ganz Norditalien. Man sah in diesem Amt des Ministers der Romagna nach dem des Generalministers eines der schwierigsten Ämter.

Gerade diese Ernennung von Antonius zeigt, welches Vertrauen die Mitbrüder ihm entgegenbrachten. Antonius war damals erst zweiunddreißig Jahre alt und gerade einmal seit sechs Jahren Minderbruder. Die ihm anvertraute Provinz aber war eine der bedeutendsten, sowohl hinsichtlich der Ausdehnung, der Zahl der Klöster als auch der Mitglieder. Aus diesem großen Provinzgebilde entstanden später die Provinzen Genua, Mailand, Bologna und Venetien. Die Gebiete waren stark geprägt vom Kampf der Franziskaner gegen die Häresien und von der verbitterten Verteidigung der feudalen Besitztümer durch die bischöflichen Landesherren.

Die wichtigste Tätigkeit, die den neu gewählten Provinzoberen erwartete, war vor allem die Visitation der Klöster und Niederlassungen der Brüder. Als Provinzial musste sich Antonius auch um die Klarissen, den Zweiten franziskanischen Orden, aber ebenso um den Dritten Orden[65] kümmern. Sie alle waren ihm unterstellt.

Antonius begann unmittelbar nach dem Generalkapitel mit der Arbeit: Besuche der Brüder und Gründung neuer Gemeinschaften. Trotz all dieser ordensinternen Unternehmungen hörte der Heilige nicht auf, auch immer wieder dem Volk zu predigen.

So kam Antonius über Triest und Istrien nach Udine. In dieser Stadt misslang allerdings die Mission. Zum Predigen stieg er auf einen Baum. Da erhob sich ein schreckliches Geschrei in der Bevölkerung. Die Menschen wollten ihn nicht hören. Antonius musste unverrichteter Dinge weiterziehen. Nach biblischer Art schüttelte er sich den Staub von den Füßen und zog weiter. Nach Scandaletti soll diese Begebenheit in Udine der einzige Fall gewesen sein, bei dem Antonius mit der Predigt aufhören musste. Sein Wort fiel dort nicht auf fruchtbaren Boden.

---

[65] Neben den Franziskanern (Konventualen, Observanten, Kapuzinern), Brüder des Ersten Ordens des heiligen Franziskus von Assisi, gibt es auch den Zweiten Orden, den Franziskus zusammen mit Klara von Assisi gegründet hat, die Klarissen. Sie leben klausuriert in Klöstern (geschlossene Klöster). Der Dritte Orden des heiligen Franziskus, zu dem ursprünglich nur Laien (verheiratet oder ledig) zählten, nannte man auch Tertiarorden und die Mitglieder Terziaren. Da es später auch Ordensgemeinschaften gab, die die Drittordensregel annahmen und deren Mitglieder Ordensgelübde ablegten, wurde dieser Orden dann „Regulierter Dritter Orden" genannt. Zu dieser Gruppierung gehören z. B. die Franziskanerinnen von Sießen, die Barmherzigen Schwestern vom Heiligen Kreuz, Ingenbohl etc.

Rastlos durchwanderte der Minderbruder das Gebiet der großen Provinz von Norditalien. Er kam auch in die Lombardei, nach Mailand, Como, Bienno in Val Camonica, Cremona, Brescia, Bergamo und Varese. Es ist nicht auszuschließen, dass er dabei auch nach Locarno, in die heutige Schweiz, kam und dort ein Kloster zu Ehren des heiligen Franziskus von Assisi gründete. In diesem Kloster gibt es bis zum heutigen Tag einen Antoniusbrunnen, dessen Quelle der Heilige gefunden haben soll.

Über Mantua gelangte er schließlich nach Padua. Ab dem Jahr 1228 nahm er hier seinen ständigen Wohnsitz. Als Provinzial hielt er sich aber immer nur kurz dort auf. In dieser Zeit begann er mit der Niederschrift seiner *Sermones* („Predigtskizzen"). Sie waren vor allem für seine Mitbrüder gedacht, die er zum Teil unterrichtet hatte.

Von dort aus kam er nach Ferrara. In dieser Stadt wirkte er ein besonders eindrucksvolles Wunder: Ein Ritter hatte eine sehr schöne Gattin. Als sie ihm ein Knäblein mit dunkler Hautfarbe gebar, bezichtigte er sie des Ehebruchs. Die Frau beteuerte ihre Unschuld. In der Stadt war dieses Ereignis schon in aller Munde. Antonius wurde darüber informiert. Er traf die Familie gerade beim Gang in die Kirche an. Sie wollten den Knaben taufen lassen. Der Heilige befahl dem Säugling, er solle doch den Namen des Vaters nennen. Das Kleinkind zeigte auf den Ritter und sprach dabei: „Der ist es!" Vor allen erhielt die verdächtigte Mutter so ihre Unschuld zurück.

Antonius durchwanderte nicht nur seine Provinz. Er suchte auch abgelegene Orte auf wie La Verna (Berg der Stigmatisation des heiligen Franziskus), Monteluco bei Spoleto, Bonriposo bei Fossato, Specco San Urbano bei Narni, Montecasale und Cerbaiolo bei Arezzo. All diese Orte geben Zeugnis davon, dass der heilige Antonius hier war. Er hielt sich aber jeweils wohl nur kurz dort auf.

In Rom

Um das Osterfest 1228 herum begegnete Antonius Papst Gregor IX. Der Heilige war dem früheren Kardinal Hugolin von Ostia, den eine tiefe Freundschaft mit dem heiligen Franziskus von Assisi verband, bereits beim Generalkapitel 1221 in Assisi begegnet. Schon während dieser ersten Begegnung war der Kardinal sehr beeindruckt von diesem demütigen Kirchenmann.

Der Papst wünschte, dass Antonius vor ihm und seinen Kardinälen predigen solle. Die Predigten hielt Antonius in der Mutterkirche *San Giovanni in Laterano* in der Heiligen Stadt. Sie zeugten von einer solchen Beredsamkeit und Tiefe, dass der 85-jährige Papst ihn öffentlich eine „Schatztruhe der Heiligen Schrift" und „Arche des Testamentes" nannte. Der Prediger aus Portugal hatte alle Erwartungen des höchsten Zuhörers übertroffen. Vielleicht wollte der Papst auch deutlich machen, dass der heilige Antonius die wahren Lehren der Heiligen Schrift aus der Sündenflut der Irrlehren retten wollte und konnte. So wie durch die Arche Noah Mensch und Tier vor der Flut gerettet wurden, so retteten diese Predigten die Menschen vor den Irrlehren.

In Rom waren damals viele Kardinäle aus den verschiedensten Welt- und Sprachgegenden zum Konsistorium[66] versammelt. Sie sprachen dementsprechend die unterschiedlichsten Sprachen. Die Überlieferung berichtet, dass sich so etwas wie ein zweites Pfingstwunder ereignet habe. Viele Menschen lauschten den eindrücklichen Worten des Predigers aus Lissabon. Und alle Zuhörer und Zuhörerinnen verstanden ihn in ihrer Muttersprache. Dies überliefert uns die *Fioretti* („Blütenlegende") des heiligen Franziskus, eine spätere Sammlung wunderbarer Ereignisse um Franziskus und seine Brüder:

„Das wunderbare Gefäß des Heiligen Geistes, der heilige Antonius von Padua, einer der auserwählten Jünger und Gefährten des heiligen Franziskus, den dieser seinen Bischof nannte, predigte einmal im Konsistorium vor dem Papst und den Kardinälen. In diesem Konsistorium waren Männer aus verschiedenen Nationen, Griechen, Lateiner, Franzosen, Deutsche, Slawen, Engländer und Vertreter verschiedener anderer Sprachen der Welt versammelt. Vom Heiligen Geist entflammt, legte der heilige Antonius das Wort Gottes so kraftvoll, so voller Hingabe, so feinsinnig, so

[66] Vollversammlung der Kardinäle.

klar und so kundig dar, dass alle Anwesenden im Konsistorium, mochten sie auch den verschiedensten Sprachen angehören, alle seine Worte so klar und deutlich verstanden, als ob er in der Sprache eines jeden Einzelnen von ihnen (vgl. Apg 2,6) gepredigt hätte. Alle verharrten in Staunen und es schien ihnen, als ob sich jenes alte Wunder der Apostel zur Zeit des Pfingstfestes erneuert hätte, als jene in der Kraft des Heiligen Geistes in jeder Sprache redeten. Einer sagte voll Verwunderung zum anderen: ‚Ist dieser, der da predigt, nicht aus Portugal? Wie kommt es, dass wir alle seine Rede in unserer Landessprache hören (vgl. Apg 2,8)? Desgleichen bedachte und bewunderte der Papst die Tiefgründigkeit seiner Worte und sagte: ‚Wahrhaftig, dieser ist die Lade des Bundes und der Schrein der Heiligen Schrift.' Zum Lobe Christi. Amen."[67]

Der Heilige selbst sprach vom pfingstlichen Wunder:

„In verschiedensten Sprachen redet, wer vom Heiligen Geist erfüllt ist. Die verschiedenen Sprachen sind das Zeugnis, das wir für Christus ablegen, nämlich Demut, Armut, Geduld und Gehorsam. Wenn andere diese Tugenden an uns sehen, reden wir zu ihnen. Unsere Sprache ist eindringlich, wenn unser Tun redet. Ich beschwöre euch daher, lasst doch euren Mund verstummen und eure Taten sprechen! Unser Leben ist ja so voll von schönen Worten und leer an guten Werken."[68]

---

[67] Blütenlegende 39, in: Dieter Berg (Hrg.), Leonhard Lehmann (Hrg.), *Franziskus-Quellen*, Kevelaer 2009, 1411.

[68] Lothar Hardick, a.a.O., 88–89.

Der Heilige predigte auch im größten marianischen Heiligtum des damaligen Abendlandes, in *Santa Maria Maggiore*. Sicher konnte er vielen Zuhörern durch sein Predigtwort einen Zugang zu Maria verschaffen.

Antonius war ein begeisterter Diener des Wortes Gottes. Papst Gregor IX. sagte über ihn, wie bereits oben angedeutet: „Sollten die Bücher der Heiligen Schrift verloren gehen, so könnte Bruder Antonius sie aufs Neue niederschreiben."

Der große Antoniusforscher Vergilio Gamboso sagt dazu: „Der Heilige erweist sich in seinen Schriften als eine der aufgeschlossensten und leuchtendsten Geistesgrößen der Kultur und der Kirche im Mittelalter. In Anbetracht dessen erhob Papst Pius XII. im Jahre 1946 den beim Volke beliebten Wundertäter, den die Wissenschaftler als einen erstrangigen Gelehrten betrachteten, zur Würde eines Kirchenlehrers."[69]

In der Stadt des Poverello

Es ist anzunehmen, dass Bruder Antonius als Provinzial der zweitgrößten Provinz des Ordens an der Heiligsprechung des heiligen Franziskus von Assisi am 16. Juli 1228 in Assisi teilnahm. Noch am Tag der Heiligsprechung legte Papst Gregor IX. den Grund-

[69] Vergilio Gamboso, *Das Leben des heiligen Antonius*, Padua 1989, 9. Auflage, 79.

stein für die bedeutungsvolle Grabeskirche des *Poverello*. Nach gut zwei Jahren konnte das Gotteshaus am 25. Mai 1230 eingeweiht werden. Generalminister Bruder Johannes Parenti hatte die Brüder aus diesem Anlass nach Assisi zum Generalkapitel eingeladen. Die sterblichen Überreste des heiligen Franziskus wurden während dieser Feier von der Kirche *San Giorgio* in die neu erbaute Grabeskirche *San Francesco* übertragen.

Beim anschließenden Kapitel kam es zu harten Auseinandersetzungen. Je größer die Zahl der Brüder wurde, umso mehr Spannungen, Missverständnisse und Richtungskämpfe gab es. Es ging dabei um das Verständnis der Armut. Die Brüder fragten sich: Was entspricht dem Geist des *Poverello*?

Wir würden heute die Exponenten der zwei Richtungen als Progressive und Konservative bezeichnen. Die Gruppe des konservativen Flügels wollte möglichst getreu nach der Regel des heiligen Franziskus leben. Sie wurden in ihrer Haltung von den Brüdern der ersten Generation des Ordens unterstützt. Unter ihnen waren diejenigen, die unter Franziskus in den Orden eingetreten und Gefährten des heiligen Franziskus gewesen waren. Diese Brüder, die streng nach der Regel und dem Testament des *Poverello* leben wollten, nannte man auch Spiritualen.[70]

[70] Ein Spirituale versucht, die Regel und das Testament des heiligen Franziskus zu beobachten, „die Regel geistlich beobachten", wie Bruder Franziskus zu sagen pflegte. Die Schattierung der Spiritualen ist recht bunt, zum Teil wurden sie sektiererisch. Die Fratizellen wurden

Die Gruppe der Progressiven vertrat die Meinung, es sei vor allem wichtig, in den Städten größere Häuser als Studienzentren und Bibliotheken einzurichten. Ihr Lebensstil entsprach eher dem benediktinischen Leben. Deshalb nannte man sie Konventualen.[71] Sie fragten: Ist es überhaupt realistisch, den stark gewachsenen Orden, der nun aus mehreren Tausend Brüdern besteht und in den verschiedensten Nationen vertreten ist, auf nur eine einzige Lebensform festzulegen, die von einer kleinen homogenen Gruppe in der Anfangszeit des Ordens beobachtet werden konnte?

Antonius versuchte, einen Mittelweg zu gehen. Es war für ihn nicht leicht. Bruder Johannes Parenti, der Generalminister, war sehr betagt. Er konnte die Kapitelversammlung nicht mehr souverän leiten. Das Kapitel insgesamt war nicht in der Lage, zu einer gemeinsamen Position zu finden. So wurde beschlossen, den Papst über die Beobachtung der Regel und des Testamentes entscheiden zu lassen. Er hatte den heiligen Franziskus sehr gut gekannt und wusste um

---

z. T. von der Kirche verfolgt und verurteilt. Später ging aus den Spiritualen die Gruppierung der Observanten (*observare*, „beobachten", gemeint ist die Regel) hervor. Geistiger Vater dieser Richtung in Italien war der heilige Bernhardin von Siena. Im Jahr 1517 wurden die Observanten von den Konventualen getrennt. Aus beiden entstanden selbstständige Zweige. Die Observanten wurden später auch „Braune Franziskaner", die Konventualen „Schwarze Franziskaner" genannt.

71 Die Konventualen vertraten im Franziskanerorden die „laxere" Richtung: Sie hatten größere Häuser und Kirchen, die den Brüdern selbst gehörten. Die Observanten hatten keinen eigenen Besitz; er lag in den Händen der Stadt, der Gemeinde oder sogar beim Heiligen Stuhl.

seine Absichten. Das Kapitel ernannte eine Kommission, die darüber mit dem Heiligen Vater verhandeln sollte. Unter diesen Brüdern befand sich auch Antonius.

Zu dieser Zeit war Antonius bereits vom Amt des Provinzialministers zurückgetreten. Seine Berufung in die Kommission zeigt, wie sehr er dennoch weiterhin von den Mitbrüdern geschätzt wurde.

Nachdem Papst Gregor IX. die Brüder angehört hatte, erbat er sich Bedenkzeit. Dann erließ er die Bulle *Quo elongati*. Darin wurde festgehalten, dass das Testament des heiligen Franziskus für die Brüder nicht verpflichtend sei. Ebenso wurden weitere Punkte über die Aufnahme der Ordenskandidaten, die Befolgung der evangelischen Räte und die Geldfrage erörtert.

Gerade diese päpstliche Entscheidung für den Orden der Minderbrüder zeigt, dass Bruder Antonius mit seinem Weg einer guten Mitte die richtige und gesunde Auffassung teilte.

Er wünschte es sich vor allem, sich wieder vermehrt mit den Dingen zu beschäftigen, die er liebte: dem Gebet, dem Geist der Buße, dem Studium der Heiligen Schrift und der Abfassung der *Sermones,* der Verkündigung. Er widmete sich diesen Arbeiten in Padua.

In Padua

Bereits im Jahr 1217 siedelten sich die Minderbrüder des heiligen Franziskus in der Nähe von Padua an. In Arcella wurde auch ein Klarissenkloster gegründet. Die Brüder übernahmen die Seelsorge bei den Schwestern. Sie wohnten dafür in der angebauten Einsiedelei. Im Klarissenkloster lebte damals die selige Mystikerin Helena Enselmini.[72]

Ende 1227, Anfang 1228 kam Antonius zum ersten Mal nach Padua. Die Stadt wurde zur Stadt seines Herzens. Immer wieder kam er in diese kleine Niederlassung der Brüder. In dieser Zeit entstand der Beiname „Antonius von Padua".

In Padua begegnete Antonius Bruder Luca Belludi.[73] Mit diesem sehr gebildeten Mitbruder aus Pa-

---

[72] Elena Eselmini OSC stammte aus der adeligen Familie Enselmini aus Padua. In jungen Jahren wurde sie Klarissin. Eine Tradition sagt, Franziskus selbst habe sie eingekleidet. Als Antonius als Provinzial nach Padua kam, begegnete er ihr zum ersten Mal. Ob er ihr geistlicher Begleiter oder gar geistlicher Vater war, ist aus den Quellen nicht belegt. Nach sechs Jahren im Kloster fiel sie in eine dunkle Nacht, in der sie glaubte, dass alles umsonst gewesen sei. Sie hielt sich fest am Glauben und am Gehorsam gegenüber den Oberen. Sie war lange Zeit auch körperlich krank. Gott tröstete sie mit verschiedenen Visionen. Sie starb 1231, im gleichen Jahr wie der heilige Antonius, im Alter von 24 Jahren. Einige Quellen geben 1242 als ihr Todesjahr an. Sie wird als Selige verehrt. Ihr Kult wurde im Jahr 1695 von Papst Innozenz XII. approbiert.

[73] Luca Belludi entstammte einer adeligen Familie aus Padua. Wahrscheinlich studierte er vor seinem Ordenseintritt an der Universität von Padua. Mit 25 Jahren trat er in den Minderbrüderorden ein. Eine Überlieferung sagt, er sei vom heiligen Franziskus persönlich einge-

dua, der aus einer sehr einflussreichen Familie stammte, verband Antonius eine tiefe Freundschaft. Bruder Luca machte den hl Antonius mit der Bevölkerung und der Stadt Padua vertraut. Antonius liebte Padua und seine Einwohner.

Als der heilige Antonius hier in den Jahren 1227–28 als Provinzial der Romagna wirkte, begann er mit der Niederschrift der *Predigtsammlung für die Sonntage des Kirchenjahres*. Nach seinem Rücktritt als Minister im Jahr 1230 beschäftigte er sich mit der Ausarbeitung der *Predigten für Festtage des Kirchenjahres*. Die *Assidua* sagt dazu:

„Da er schon zu früherer Zeit, nämlich als er zu Padua Sonntagspredigten für das Kirchenjahr schrieb, sich bei Padua aufgehalten hatte, so beschloss er nach seiner Befreiung von den Ordensämtern, seine ersten Schritte dorthin zu lenken. Nachdem er also auf Gottes Antrieb nach Padua gekommen war, unterbrach er seine Predigttätigkeit und widmete sich den ganzen Winter hindurch dem Studium der christlichen Sittenlehre. Er begann auf Wunsch des Kardinals von Ostia, Predigten für die Festtage des Kirchenjahres zu schreiben. Nachdem der Diener Gottes Antonius so

---

kleidet worden. 1227 wurde er zum Priester geweiht. Er begegnete dem heiligen Antonius, wurde sein Schüler und Freund. Er wurde deshalb auch „Lukas des heiligen Antonius" genannt. Er ist einer der Redakteure der *Sermones*. Durch sein Fürbittgebet und durch die Hilfe des heiligen Antonius, der ihm im Traum erschien, wurde die Stadt Padua 1256 vom Tyrannen Ezzelino da Romano befreit. Luca starb am 17. Februar 1286. Er wurde von Papst Pius XI. 1927 seliggesprochen.

dem Heil der Mitmenschen gedient hatte, stand die Fastenzeit bevor. Da, wie er sah, die Zeit der Gnade und die Tage des Heiles näherkamen, legte er sein Werk beiseite, um mit ganzer Hingabe dem heilsbegierigen Volke zu predigen."[74]

Da er nun keine Verpflichtungen im Leitungsamt der Brüder mehr innehatte, konnte er sich umso mehr auf das Apostolat in Padua konzentrieren. Er predigte häufig in der Klosterkirche *Santa Maria*, aber auch in anderen Kirchen und Kapellen in Padua und Umgebung.

Im Winter des Jahres 1230 bis zu Beginn der Fastenzeit des Jahres 1231 arbeitete Antonius weiter an seinen Predigtentwürfen zu den Heiligenfesten. Leider starb er im Jahr 1231. Das Werk wurde nicht mehr vollendet.

Predigt- und Versöhnungsarbeit in der Fastenzeit 1231

Im Jahr 1231 flammte ein letztes Mal das apostolische Feuer des Minderbruders auf. Sein Tun glich einer Kerze, die sich vollkommen verzehrt. Antonius engagierte sich für Predigt und Mission trotz seiner schweren Erkrankung. Sie setzte ihm schon länger zu. Er litt unter Wassersucht. Darum erschien sein Körper sehr beleibt.

---

[74] Assidua, a.a.O., 11, 2–6.

„Das Malariafieber, das er sich in Marokko zugezogen hatte, war ihm schon seit Langem zum Verhängnis geworden und hatte seinem Organismus hart zugesetzt. Dieser war infolge der aufreibenden ständigen Wanderungen von Land zu Land, die er als treuer Sohn des heiligen Franziskus stets zu Fuß unternommen hatte, äußerst geschwächt. Dazu kamen die Mühen und Entbehrungen, die die Lehrtätigkeit und die Leitung seiner Mitbrüder mit sich gebracht hatten."[75]

Mit letzten Kräften wollte der heilige Antonius die Stadt Padua zu einem besseren, christlichen und evangelischen Leben zurückführen. Dafür war ihm nichts zu viel. Trotz seiner angeschlagenen Gesundheit entschloss er sich, in den vierzig Tagen der Fastenzeit vom 6. Februar bis zum 13. März 1231 täglich zu predigen.

Immer mehr Menschen strömten herbei, um den zu Herzen gehenden Predigten zu lauschen. Weder die Kirchen und noch die Kathedrale boten genügend Raum für die vielen, die den charismatischen Prediger hören wollten. Bruder Antonius musste im Freien predigen. Wer sich nur irgendwie freimachen konnte, begab sich zur Predigt. Alte und junge Menschen kamen, der Bischof mit seinem Klerus, Priester und Ordensleute, Adelige wie Kaufleute, Handwerker und Tagelöhner. Sie alle wollten ihn sehen, hören und erleben. Während Bruder Antonius predigte, wurden die Geschäfte in der Stadt geschlossen. Es herrschte

---

[75] Vergilio Gamboso, a.a.O., 76–77.

Sonntagsruhe in ganz Padua. Selbst die Händler auf dem Markt verließen die Stände und eilten zum Platz, wo der heilige Antonius predigte. Bis zu 30 000 Gläubige strömten herbei, oft schon vor der Morgendämmerung, um einen freien Platz zu ergattern. Sie harrten stundenlang aus, bis der Prediger das Wort ergriff. Um den Heiligen herum musste eine Art Leibwache von Männern gebildet werden, denn viele wollten von ihm eine Reliquie haben. Manchmal schnitten sie von seiner Kutte ein Stück Stoff oder sogar einen Zipfel des Strickes ab. Antonius besaß eine außergewöhnliche Strahlkraft, die vom Licht Christi durchdrungen war.

Dieses intensive Predigtapostolat und der Dienst im Sakrament der Versöhnung waren gleichsam der Höhepunkt seiner letzten Monate in Padua. Er selbst bemerkte über die Prediger:

„Der Herr, dessen Erbarmen keine Grenzen kennt, ruft nicht nur selbst sein Volk, sondern er tut es auch durch den Stand der Prediger; darum heißt es im Evangelium: ‚Er gab seinem Knecht den Auftrag, den Geladenen zu sagen: Kommt! Alles ist bereit.' Und die Erklärung sagt dazu: ‚Die Stunde des Mahles ist das Ende der Zeiten.' Daher schreibt der Apostel: ‚Wir sind es, zu denen das Ende der Weltzeiten gekommen ist.' An diesem Ende der Zeiten sendet der Herr seinen Knecht, das heißt den Stand der Prediger zu jenen, die er durch Gesetz und Propheten eingeladen hat. Sie sollen frei von Überdruss zum Genuss des Mahles kommen, denn alles ist bereit. Nachdem

Christus geopfert ist, steht das Tor zum Reiche Gottes offen. Christi Leiden hat das Tor zum Himmelreiche geöffnet, damit die Kirche oder die Gerechten eintreten zum ersten Mahle und einst auch zum zweiten Mahle gelangen."[76]

Wir wissen nicht, worüber Bruder Antonius gepredigt hat, aber seine Überlegungen zeigen uns, wie ernst er den Predigtdienst genommen hat. Es war ihm wichtig, dass die Menschen zur erbarmenden Liebe Gottes zurückgerufen werden. Diese Botschaft war ja für die damalige österliche Bußzeit besonders aktuell.

Es ist erstaunlich, wie sich der Heilige nicht nur in vollem Umfang dem Verkündigungsdienst widmete, sondern sich auch als Beichtvater in den Dienst der Versöhnung stellte. Wir können nur erahnen, wie lang die Reihe der wartenden Menschen war, die von Bruder Antonius in der Beichte von den Sünden losgesprochen werden wollten. Ja, die Beichtväter reichten nicht aus, um allen Bußwilligen die Vergebung zu spenden. Es wird berichtet, dass der heilige Antonius schon früh am Morgen für den Dienst der Versöhnung bereit war und sich bis in die Abendstunden dafür zur Verfügung stellte. Predigt und Beichte waren für ihn aufeinander bezogen. Das zeigen uns seine folgenden Predigtworte:

„Ein Aussätziger kam und fiel vor ihm nieder (vgl. Mt 8,2ff.). Sieh darin das demütige Bekenntnis der

[76] Lothar Hardick, a.a.O, 98–99.

Sünden. Ausführlicher berichtet Markus (1,40): Ein Aussätziger kam zu ihm, bat ihn, fiel vor ihm nieder und sprach: ‚Wenn du willst, kannst du mich rein machen.' Auch der Sünder, der zur Beichte kommt, soll sich vor dem Priester als Stellvertreter Gottes niederknien, denn dieser hat von Christus die Gewalt, zu binden und zu lösen. An diese Gewalt soll der Sünder fest glauben, dass auch er spricht: ‚Herr, wenn du willst, kannst du mich rein machen und von meinen Sünden lossprechen.' – ‚Sogleich wurde der Aussätzige rein von seinem Aussatz.' Im Herzen des Sünders wiederholt der Herr täglich das Gleiche durch den Priester, denn dieser muss ein Dreifaches tun: Er muss die Hand ausstrecken, anrühren und wollen. Er streckt die Hand aus, wenn er für den Sünder zu Gott betet und von Mitleid mit ihm ergriffen ist. Er rührt den Sünder an, wenn er ihn aufrichtet und Gottes Verzeihung verheißt. Er hat den Willen, ihn rein zu machen, wenn er ihn von seinen Sünden losspricht."[77]

Der Empfang des Bußsakramentes war in der damaligen Zeit recht schwierig geworden, weil gerade die evangelischen Waldenser die Beichte bei den Priestern bekämpften. Antonius' Erfolg war ein deutliches Zeichen, dass das Predigtwort des Heiligen auf fruchtbaren Boden gefallen war.

Als Bruder Antonius eines Tages einem jungen Mann die Beichte abnahm, gestand ihm dieser, er ha-

[77] Lothar Hardick, a.a.O, 99–100.

be seiner Mutter einen Fußtritt versetzt. Bruder Antonius wurde darüber so wütend, dass er ihm sagte, er hätte es verdient, dass jener Fuß abgehackt würde. Der junge Mann nahm sich das Wort des Beichtvaters zu Herzen und hackte sich den Fuß ab. Als der Heilige von diesem Vorfall erfuhr, eilte er in das Haus des übereifrigen Büßers und fügte den Fuß wieder an. Der Künstler Donatello[78] hat diese dramatische Szene in einer bronzenen Plastik und Tullio Lombardo[79] hat sie in Marmor festgehalten. Beide Kunstwerke sind Zeugen des Wunders, das der heilige Antonius an diesem jungen Mann gewirkt hatte. Sie finden sich heute in der Antonius-Basilika. Der Hymnus *Si quaeris* spricht von „verletzten Gliedern" und ist eine Anspielung auf diese Episode.

Die Predigten des heiligen Antonius lösten eine mächtige Bewegung bei der Bevölkerung von Padua aus. Immer wieder betonte er, wie wichtig die Aussöhnung untereinander, mit sich selbst und mit Gott sei. Auf diese Weise brachte er viele zum Bußsakrament zurück.

---

[78] Donatello, eigentlich Donato di Niccolò di Betto Bardi, geboren um 1386 in Florenz, gestorben am 13. Dez. 1466 in Florenz, ist einer der bedeutendsten italienischen Bildhauer, der vor allem in Florenz , Pisa, Orvieto, Siena und in Padua tätig war. Berühmt wurde er vor allem durch seine zahlreichen Marmor-Skulpturen und Bronze-Reliefs in verschiedenen Kirchen der genannten Städte.

[79] Tullio Lombardo, geboren Im Jahr 1455 in Venedig. Er war Bildhauer und Architekt der Frührenaissance. Besonders berühmt sind seine Reliefs in der Antonius-Basilika in Padua wie zum Beispiel „Antonius und der Wucherer". Er starb im Jahr 1532 in Venedig.

Für mittelalterliche Menschen waren die Predigten wie eine Ansteckung zum Guten, die weite Kreise erfasste. Mensche, die über viele Jahre zerstritten gewesen waren, reichten sich die Hände zum Frieden. Dinge, die zu Unrecht angeeignet worden waren, wurden zurückerstattet. Gefangene wurden in die Freiheit entlassen. Diebe und Prostituierte verließen ihr „Handwerk“ und begannen ein seriöses Leben.

Die Menschen in Padua erlebten durch Antonius einen neuen geistlichen Frühling. Er durfte ein großes Werkzeug des Friedens und der Versöhnung sein, ganz im Geiste seines Ordensgründers Franziskus.

Ein neues Gesetz

In Padua, aber auch in anderen Gemeinden war es Brauch, Schuldner und Bürgen lebenslang einzukerkern. Es wurde kein Unterschied gemacht, ob jemand nur zahlungsunfähig oder auch zahlungsunwillig war. In beiden Fällen wurde der Betreffende eingekerkert.

Die Stadtregierung von Padua erließ am 15. März 1231 unter dem Eindruck der Fastenpredigten des Antonius ein neues Gesetz. Dort hieß es:

„Auf Bitten des ehrwürdigen Bruders, des heiligmäßigen Antonius, des Beichtvaters aus dem Orden der Minderbrüder, darf künftig kein Schuldner oder Bürge persönlich seiner Freiheit beraubt werden, wenn er zahlungsunfähig ist. Haften kann er in ei-

nadenbild, Franziskanerkirche des Klosters in Kaltern/Südtirol

Bartholomeo Litterini, *Hl. Antonius mit dem Jesuskind,* Hochaltar, Franziskanerkloster St. Anton, Garmisch-Partenkirchen

Holzer, *Deckenfresko,* Franziskanerkloster St. Anton, Garmisch-Partenkirchen

Hl. Antonius und das Eselwunder, Basilika Sant' Antonio, Rom

Fischpredigt des hl. Antonius, Basilika Sant' Antonio, Rom

nem solchen Fall mit seinem Besitz, aber nicht mit seiner Person und seiner Freiheit."[80]

Das Gesetz wurde durch einen Menschen hervorgerufen, der nie eine politische Macht innehatte oder sich auf eine Lobby hätte berufen können. Allein seine spirituelle Autorität und die Autorität des Wortes Gottes, das er unermüdlich verkündete, bewirkten eine Gesetzesänderung.

Dieses Gesetz ermöglichte einen Neuansatz in einer schwierigen Entwicklung. Gerade die aufkommende Geldwirtschaft brachte neue soziale Probleme und verschärfte die alten. Die eine Klasse hatte Geld in Hülle und Fülle, während es bei der anderen völlig fehlte. Dies schuf große Ungleichheiten und riesige soziale Probleme. Geschäftstüchtige sahen ihre Chance in den eröffneten Leihbanken, die aber oft durch Wucherzinsen zur Verschuldung führten. Wer geliehenes Geld nicht zurückzahlen konnte, wurde eingekerkert, so wie wir es aus dem Gleichnis Jesu vom unbarmherzigen Gläubiger kennen (vgl. Mt 18,23–35).

Das neue Gesetz, das aufgrund der Predigt des heiligen Antonius erlassen wurde, wird nicht direkt zu den Wundern gezählt, die während seiner Lebenszeit geschahen. Und doch könnten wir es als eines der größten Wunder betrachten, das der heilige Antonius in seiner geliebten Stadt Padua für die Menschen bewirkte.

---

[80] Lothar Hardick, a.a.O, 105.

In der Höhle des Löwen

In Italien standen sich damals vor allem zwei Parteien gegenüber: die Partei des Kaisers, „die Ghibellinen", und die Partei des Papstes, „die Guelfen". Ezzelino da Romano (1194–1259) war der Führer der kaiserlichen Partei. Er stammte aus einer Dynastie von Tyrannen und betrachtete es als seine Aufgabe, die Städte der päpstlichen Guelfen hart zu bekämpfen. Im Jahr 1236 bemächtigte er sich der Herrschaft über Verona und beherrschte bald auch Vincenza. Bis zum Jahr 1241 eroberte er Padua, Belluno, Feltre und die Mark Treviso. Die zeitgenössischen Quellen schildern ihn als äußerst grausam.

In Padua hatten verschiedene Guelfen aus Verona Zuflucht gefunden. Ezzelino ließ seinen Verwandten Rizzardo, Graf von Sambonifacio, ins Gefängnis werfen. Führende Persönlichkeiten wollten deswegen mit dem Tyrannen verhandeln, blieben aber erfolglos. Sie beschlossen, einen Mann zu ihm zu senden, der größte persönliche Autorität bei der Bevölkerung genoss. Man dachte dabei an Bruder Antonius. Er sollte bei Ezzelino für Rizzardo um Gnade bitten. Man hoffte, dass sich der Tyrann durch diesen heiligmäßigen Franziskaner erweichen lassen würde.

Bruder Antonius folgte der Bitte der Stadtväter, obwohl er wusste, dass es ein sehr schwieriges Unterfangen war. Auf dem Weg ließ sich der Heilige von den Führern des lombardischen Städtebundes beraten. Ebenso besprach er sich mit den Beratern Ezzelinos. Er wagte sich in die Höhle des Löwen.

Ezzelino war aber auf keinerlei Weise zu erweichen. Die geistliche Autorität des heiligen Antonius und seine evangelische Sendung ließen den Tyrannen völlig kalt. Scandaletti stellt dazu nüchtern fest:

„Aber da halfen kein persönliches Charisma und keine Worte des Evangeliums, um den Tyrannen gnädig zu stimmen. Der Franziskaner musste unverrichteter Dinge abziehen und kam nur dank seines Ordenskleides mit heiler Haut davon.“[81]

Die Mission des heiligen Antonius misslang. Ja, es war ein Wunder, dass Antonius unversehrt nach Padua zurückkehren konnte. Für Antonius war es eine völlige Niederlage. Mit seiner barmherzigen Haltung wollte er doch nichts anderes, als die Menschen wieder in Frieden und Versöhnung zusammenzuführen. Hier war weder das eine noch das andere möglich.

Spätere Legenden berichteten, dass Ezzelino auf das überzeugende Wort des heiligen Antonius eingegangen sei und sich bekehrt habe. Das entspricht jedoch nicht dem realen Geschehen. Es entspringt vielmehr dem Wunschdenken der Schreibenden. Lothar Hardick bemerkt dazu:

„Antonius hatte bei Ezzelino eine schmerzliche Enttäuschung erfahren. Erreicht hatte er nichts. Aber das wollten spätere Legendenschreiber nicht hinnehmen. Der von ihnen verehrte Heilige musste doch

---

[81] Paolo Scandaletti, a.a.O., 151.

immer Erfolg gehabt haben. So stellten sie Ezzelino als einen Menschen dar, der sich von der Bußpredigt des Heiligen vom reißenden Wolf zu einem harmlosen, friedlichen Lamm hatte verwandeln lassen. Das führte sogar zu Darstellungen in der Malerei, in denen ein Ezzelino gezeigt wird, der sich reuig mit dem Büßerstrick um den Hals dem heiligen Antonius zu Füßen wirft und sich zur Umkehr bereit erklärt. Schön wäre es ja gewesen, aber es war nicht so."[82]

Letzte Lebenswochen

Während seines zweiten Aufenthaltes in Padua lebte Antonius im Kloster der Franziskaner bei der Kirche *Santa Maria Mater Domini*. Heute steht an dieser Stelle die berühmte Antonius-Basilika.

Als Antonius von der Mission bei Ezzelino wieder nach Padua zurückkehrte, waren seine körperlichen und geistigen Kräfte erschöpft. Er kehrte nicht in sein Kloster zurück. Graf Tiso VI., ein guter Freund des Heiligen, hatte in Camposampiero ein Schloss mit großem Garten. Er stellte den Franziskanern auf seinem Grundstück eine Kapelle und eine Einsiedelei zur Verfügung. Antonius sehnte sich nach Ruhe und Einsamkeit. Er fand sie in dieser achtzehn Kilometer von Padua entfernten Ortschaft.

Hier konnte er sich ausruhen, in aller Stille beten

[82] Lothar Hardick, a.a.O., 110.

und die Heilige Schrift betrachten. Aber seine körperlichen Leiden beeinträchtigten den Aufenthalt stark. Er litt unter Asthma und Wassersucht, hatte schwere Atembeschwerden und starke Kopfschmerzen. Oft überfiel ihn ein Schwindel. Sein ganzer Leib wurde von heftigen Krampfanfällen geschüttelt. Ein leidender Bruder Antonius!

Im weitläufigen Garten der Schlossanlage stand ein schöner Nussbaum. Der Heilige wünschte es sich, in seinen weit ausladenden Ästen eine Zelle zu haben. Abends stieg er auf den Baum, um die Nacht in seinem „Nest" zu verbringen.

Aus dieser Zeit in Camposampiero ist uns das Wunder überliefert, das den Heiligen berühmt machte: die Erscheinung des Jesuskindes. Antonius war in die Lesung der Heiligen Schrift vertieft. Plötzlich erhellte ein Licht in Form einer Blume die dunkle Zelle des Minderbruders. Aus der leuchtenden Knospe trat Christus in Gestalt eines göttlichen Kindes hervor. Der wunderbare Gast ließ sich liebevoll lächelnd von seinem Jünger umarmen und das Jesuskind liebkoste mit seinem Händchen die bleiche, fiebernde Stirn des Minderbruders.

Zufällig kam Graf Tiso an der Zelle des Heiligen vorbei. Vielleicht wollte er ihm Gesellschaft leisten, mit seinem Besuch die schlaflosen Stunden des leidenden Bruders verkürzen. Durch einen Spalt bemerkte der Adelige einen sehr starken Lichtschein. Er glaubte, dass Feuer ausgebrochen sei und riss die Zellentüre auf. Er sah den Heiligen, und auf der aufgeschlagenen Bibel stand das strahlende Jesuskind, das den Franziskaner liebkoste. Graf Tiso war von diesem Geschehen so ergriffen, dass er auf die Knie fiel. Als die himmlische Vision verschwunden war, sah Bruder Antonius den zitternden Grafen auf den Knien. Der Heilige tadelte seinen Zeugen nicht, aber er gebot ihm, niemandem davon zu erzählen. Erst nach dem Tod des Heiligen fühlte sich der Graf nicht mehr zum Schweigen verpflichtet. Er teilte das wundersame Ereignis den Mitbrüdern des heiligen Antonius mit.

Erscheinungen des Jesuskindes sind auch von anderen Heiligen bezeugt, zum Beispiel vom heiligen Felix von Cantalice, von der heiligen Klara und anderen. So spricht man von einer sogenannten Wanderlegende. Ist das Beweis genug, um anzunehmen, diese Erscheinung hätte sich nicht zugetragen?

Eines ist sicher: Der Heilige sprach in seinen Predigten immer wieder von der Menschwerdung Gottes. Für ihn hatte die Menschwerdung Gottes eine zentrale Bedeutung.

„So hat diese Erscheinung des Jesuskindes seine Berechtigung und wird zu einer Aussage über ihn. Dasselbe gilt auch von den späteren Darstellungen, die Antonius mit dem Jesuskind auf dem Arm zeigen."[83]

Seit diesem Ereignis sind Jahrhunderte vergangen. Das Schloss des Grafen Tiso ist vollständig ver-

---

[83] Lothar Hardick, a.a.O. 114.

schwunden. Das alte Johannes-Kapellchen wurde mehrere Male umgebaut und restauriert. Der große Antonius-Kenner Vergilio Gamboso OFM schreibt zur Zelle des heiligen Antonius:

„... Glücklicherweise haben die vielen Umbauten die kleine und arme Zelle des heiligen Antonius in nichts beschädigt. Der Ruf der Heiligkeit, den dieser Ordensmann aus Portugal schon zu Lebzeiten genoss, seine Heiligsprechung, die schon kaum ein Jahr nach seinem Tode erfolgte, die Andacht und Verehrung der Bewohner von Camposampiero vermochten, dieses Andenken an Antonius von den Zerstörungen der Zeit zu verschonen. Es handelt sich um einen bescheidenen Raum, der 4,20 m über 2,65 m misst, aus roten, unverputzten Ziegelsteinen erbaut. Eine schmale Tür, die heute vermauert ist, führt in den Gang des alten Klosters. Eine Luke und ein Fensterchen, heute noch offen, ermöglichten den Ausblick auf den Schlosspark hin."[84]

Allerdings war diese Zeit der Erholung in Camposampiero nur von kurzer Dauer. Bei der Rückkehr von seiner Mission von Ezzelino erreichte er die Höhen der Euganeischen Berge. Von dort hat man einen wunderbaren Blick auf Padua. Antonius hielt an, sah auf die von ihm so geliebte Stadt und sagte zu seinem Gefährten: „Padua wird in kurzer Zeit eine große Ehre erfahren."

Man hat dies später so gedeutet: Der Heilige mein-

[84] Vergilio Gamboso, a.a.O., 86–87.

te, dass seine geliebte Stadt seine sterblichen Überreste, seine Reliquien, beherbergen werde.

Als die Mitbrüder von Camposampiero am 13. Juni 1231 beim Glockenzeichen zum Mittagsmahl schritten, wurde Bruder Antonius von Unwohlsein ergriffen und erlitt einen Schwächeanfall. Wir wissen nicht, ob es sich dabei um einen Schlaganfall oder um einen Herzinfarkt handelte. Bruder Antonius wusste, dass das Ende seines Lebens gekommen war. Er war bereit zu gehen. In verschiedenen Predigten hatte er sich mit diesem Thema auseinandergesetzt. Er hatte unter anderem geschrieben, dass

„das Leben des Menschen einer Brücke gleicht, und die Brücke ist für den Übergang geschaffen, nicht, um ständig dort Wohnung zu nehmen".

An anderer Stelle schrieb er:

„Wer sich im Gedanken an den Tod demütigt, weiß sein ganzes Leben richtig einzuschätzen, er ist aufmerksam gegenüber allen Dingen seiner Umwelt, er lässt sich in seiner Trägheit aufrütteln, er verliert in Schicksalsschlägen nicht den Mut und vertraut der Barmherzigkeit des Herrn inmitten aller Nöte, er weiß den Lauf seines Daseins in den Hafen der Ewigkeit zu lenken."[85]

Eine Bitte hatte er noch an die Brüder: Sie mögen ihn doch zur Niederlassung nach Padua bringen, zur Kirche *Santa Maria Mater Domini.* Die Mitbrüder wollten diesem letzten Wunsch des vom Tode Ge-

---

85 Paolo Scandaletti, a.a.O., 156.

zeichneten nachkommen. Ein Bauer stellte ihnen einen Karren zur Verfügung, vor den er zwei Ochsen spannte. Dieses Gefährt begleiteten die zwei Mitbrüder Luca Belludi und Bruder Rogerius. Der Zug ging an der alten Römerstraße entlang, die heute *Strada del Santo* („Straße des Heiligen") heißt. Ein Reisigbündel, das auf dem holprigen Wagen lag, gab dem Sterbenden ein wenig Erleichterung. Weil der Bauer auf den sterbenden Heiligen sehr viel Rücksicht nahm, kam das Fuhrwerk nur langsam vorwärts. Die Hitze war drückend, die Straße steinig. Der Karren rüttelte hin und her. So war der gut sechsstündige Transport für den Sterbenden eine große Qual. Gegen Abend erreichten sie Arcella am Stadtrand von Padua. Dort hatten die Brüder und die Klarissen eine Niederlassung. Die letzten Stunden des heiligen Antonius standen bevor.

Antonius verlangte einen Priester, um zu beichten. Danach empfing er die heilige Krankensalbung als letzte Ölung. Der Heilige wusste, dass dies nun sein Ende sei. So stimmte der große Marienverehrer: *O gloriosa Domina* („O du erhabene Himmelskönigin")[86] an. Dann beteten die Brüder, wie es Brauch war, die Bußpsalmen. Der sterbende Antonius betete leise mit. Danach veränderte sich sein Antlitz. Seine Augen begannen zu leuchten. Die Brüder fragten ihn, was er denn sehe. Mit flüsternder Stimme gab der Sterbende die Antwort: „Ich sehe meinen Herrn!"

---

[86] Siehe Anhang.

Nach diesen Worten verschied er. Eben war die Sonne am Horizont Paduas untergegangen.

Es war noch nicht ganz dunkel, als Kinder – von einer unerklärlichen Kraft getrieben – durch die Stadt Padua liefen und dabei riefen: „Der Heilige ist gestorben! Der Heilige ist gestorben!“ So ist also ein Mensch gestorben, der sich zeitlebens mühte, in der treuen Christusnachfolge dem Nächsten Gutes zu tun.

Kampf um die sterblichen Überreste

Wir können uns heute kaum vorstellen, was für ein Kampf um den Leichnam des Heiligen entbrannte. Antonius starb am 13. Juni 1231, aber seine Beisetzung fand erst am 17. Juni statt.

Die Franziskaner wollten den Tod ihres berühmten Mitbruders vorerst geheim halten. Das war aber unmöglich. Die Todesnachricht verbreitete sich in Windeseile in Padua, in ganz Italien und darüber hinaus. Viele Menschen strömten zum Kloster nach Arcella, wo der Heilige aufgebahrt war. Sie wollten dabei Reliquien ergattern, einen Fingernagel, Haare, Kuttenstoff etc. Auch berührten sie mit persönlichen Gegenständen den toten Körper des großen Wundertäters.

Nun stellte sich die ernsthafte Frage: „Wo soll der Heilige beigesetzt werden?“ Die Klarissen und Franziskaner von Arcella hofften, diesen äußerst wertvollen Leichnam für sich behalten zu können. Auf der anderen Seite standen die Brüder aus dem Kloster *Santa Maria Mater Domini* in Padua. Sie wussten, dass der Aufenthalt bei ihnen der letzte Wunsch des Heiligen war.

Die Parteien konnten sich nicht einigen. Nach einem langen Hin und Her, bei dem auch die Stadtbehörden eingeschaltet wurden, entschieden alle, selbst der Bischof von Padua, dass der Provinzial der Franziskaner, der bis dahin Padua noch nicht erreicht hatte, in dieser Angelegenheit entscheiden müsse. In der Zwischenzeit wurde wegen der starken Hitze beschlossen, den Verstorbenen in einen Holzsarg zu legen und provisorisch in der Nähe zu bestatten. Dieses vorsichtige Vorgehen führte zu einer richtiggehenden Verschwörung. Die Gegenpartei fühlte sich benachteiligt.

Der Provinzial, Bruder Albert von Pisa, nahm sich nach seiner Ankunft Zeit für die Entscheidung. Zunächst hörte er sich die Meinungen der jeweiligen Parteien an. Danach begab er sich zur Stadtregierung, um sich dort beraten zu lassen. Der Bürgermeister wollte sich nicht in diese Angelegenheit der Minderbrüder einmischen. Er überließ die Entscheidung allein dem Provinzial. Mit der Unterstützung des Bischofs ordnete der Provinzial schließlich an, den Leichnam nach *Santa Maria Mater Domini* zu überführen. An die Brüder und Klarissen von Arcella appellierte er, dass sie durch ihre Profess zum Gehorsam gegenüber seiner Person verpflichtet seien. Es gab darauf eine bedingungslose Kapitulation der Brüder und der Klarissen von Arcella.

Bischof Jacopo di Corrado von Padua stand dem Begräbnisgottesdienst vor. Er segnete den Leichnam des Heiligen und setzte ihn am Dienstag, 17. Juni 1231, in dem Marmorsarkophag bei, der der Kathedrale von Padua gehörte. Seither wird der sogenannte „Antoniusdienstag" besonders in der franziskanischen Familie gefeiert. Lothar Hardick schreibt dazu:

„Bei aller Befremdung über diese Vorgänge, welche Padua förmlich an den Rand eines Bürgerkrieges brachten, bleibt bestehen: Dass man die Dinge derart auf die Spitze trieb, liegt eben darin begründet, dass Antonius in einer Weise verehrt wurde, dass jedes Mittel recht schien, seine Reliquien möglichst dicht bei sich zu haben. Das Mittelalter erlebte die Heiligen eben nicht aus Distanz, sondern hautnah. Von ihnen erwartete man Schutz und war deshalb bereit, alle Mittel zu ergreifen, sie in der Nähe zu behalten."[87]

---

[87] Lothar Hardick, a.a.O. 124.

WERK UND WIRKUNG

Die Heiligsprechung

Paolo Scandaletti spricht in seinem Antoniusbuch von einem „Phänomen Antonius". Was meint er damit? Kaum einer vor und nach dem Heiligen aus Lissabon konnte so schnell die „Heiligkeitsleiter" emporsteigen wie dieser. Bis zur Heiligsprechung verging nicht einmal ein Jahr.

Während der Begräbnisfeierlichkeiten zwischen dem 13. und dem 17. Juni des Jahres 1231 und in der folgenden Zeit geschahen viele Wunder. Zwischen Juni 1231 und Mai 1232 wurden 53 nachgewiesene Wunder vermerkt.

Der Tag des Begräbnisses glich einem Triumphzug. Während der Beisetzung ereigneten sich viele Wunder: Blinde, Lahme, Stumme wurden auf wundersame Weise geheilt. Viele von ihnen berührten nur seinen Grabstein, andere kamen zu den Stufen der Franziskanerkirche und wurden geheilt.

An den darauffolgenden Tagen fanden in Padua zahlreiche Prozessionen zu Ehren des Heiligen statt. Die Menschen, ob Ritter oder Bauer, Tagelöhner oder Kleriker, gingen barfuß und trugen dazu Kerzen oder große Wachslichter. Wie viele Menschen kamen nach Padua, um einfach ihrem *Santo* die Ehre zu geben!

Kaum einen Monat nach seinem Tod fand eine Versammlung von Klerikern und Stadtvätern statt, mit dem Ziel, eine baldige Heiligsprechung in Rom zu erreichen. Es war wohl ähnlich wie beim Begräbnis von Johannes Paul II., bei dem unter der Menschenmenge viele Plakate mit der Aufschrift zu sehen waren: *Santo subito!*

Die Heiligsprechung des Antonius war ungewöhnlich. Zu seiner Zeit genügte es nicht mehr, wenn ein Bischof jemanden aus seiner Diözese in das Verzeichnis der Heiligen aufnahm. Für eine Heiligsprechung war ein kanonisch geführter Prozess erforderlich. Die heroischen Tugenden und Wunder im Leben der Kandidaten wurden genauestens untersucht. Und es geschah nur dann, wenn eine entsprechend starke Verehrung durch die Gläubigen dies verlangte. Zudem hatten die Päpste die Heiligsprechungen für sich selber reserviert. Trotz alledem bewirkte die Begeisterung und Verehrung des Volkes die Heiligsprechung des Bruder Antonius.

Eine Delegation wurde nach Rom entsandt, die von Papst Gregor IX. freundlich aufgenommen wurde. Der Heilige Vater liebte und verehrte Antonius sehr. Bei einigen Kardinälen waren allerdings Widerstände zu spüren. Ihnen ging diese Heiligsprechung zu schnell.

Der Papst kam ihnen entgegen und berief eine Kommission ein. Sie sollte die Voraussetzungen für eine Heiligsprechung an Ort und Stelle prüfen. Zu dieser Kommission gehörten der Ortsbischof Jacopo di Corrado und weitere Kleriker aus den Orden der Benediktiner und Augustiner-Chorherren. Als sie ihren Dienst beendet hatte, brachte eine Delegation von Bürgern aus Padua die Akten über Zeugenverhöre und Wunderberichte zum Papst.

Die Endphase des Prozesses wurde dem Kardinalbischof von Sabina anvertraut. Den Vorsitz im Richterkollegium führte Kardinal Johannes d'Abbeville, ein Mönch aus der Abtei von Cluny. Einer der Kardinäle hatte weiterhin große Bedenken wegen der überstürzten Beweisaufnahme. Die Bevölkerung von Padua war über das Urteil dieses Kardinals sehr traurig. Doch Antonius selbst konnte die Angelegenheit retten. Er erschien dem großen Würdenträger im Traum. Dieser Traum bekehrte den Kardinal. Aus einem heftigen Gegner wurde ein starker Befürworter der Heiligsprechung. Das wurde auch im Kardinalskollegium bekannt. Es wirkte wie ein Signal: die Heiligsprechung sollte nicht mehr verzögert werden.

Nur elf Monate nach seinem Tod wurde Antonius bereits zur Ehre der Altäre erhoben. Papst Gregor IX. sprach Antonius von Padua am 30. Mai 1232 im Dom von Spoleto heilig.

Bei der Heiligsprechung wurden jene 53 nachgewiesenen Wunder bekannt gegeben. Man sang das *Te Deum*. Danach verlas Papst Gregor IX. die feierliche Proklamation. Zu Ehren des neuen Heiligen wurde sogar die Antiphon *O doctor optime* („O hervorragender Lehrer") gesungen, die nur für Kirchenlehrer vorgesehen war. Diese Geste war so etwas wie ein

Vorgreifen auf die Ehrung des Heiligen als Kirchenlehrer, die 1946 unter Papst Pius XII. erfolgte.

Papst Gregor IX. setzte den Festtag des heiligen Antonius auf den 13. Juni fest. Am nächsten Tag richtete er sich mit einem öffentlichen Schreiben an die Bevölkerung Paduas, in dem er das glückliche Ereignis der Heiligsprechung bekannt gab.

Am 23. Juni wandte sich der Papst mit einem Schreiben an die Gesamtkirche. Dies war in gewisser Weise das erste Denkmal für den Heiligen, der aus Lissabon stammte. Der Stellvertreter Petri sagte darin unter anderem:

„Er hat es verdient, nicht unter den Scheffel gestellt zu werden, sondern auf den unsterblichen Leuchter der katholischen Kirche."

Bau der Grabeskirche in Padua

Nach der Heiligsprechung dachte die Bevölkerung von Padua darüber nach, dem Heiligen in ihrer Stadt ein gebührendes Denkmal zu setzen. Die Franziskaner waren von diesem Plan begeistert. Sicher dachte man dabei auch an die großen Pilgerströme, die künftig nach Padua kommen würden. Dafür brauchte es auch ein entsprechend großes und würdiges Gotteshaus. Dies bot der Stadt Padua die Gelegenheit, mit dem Bau der prächtigen Basilika sich selbst ein dauerndes Denkmal zu setzen. Die Bauarbeiten begannen noch im Jahr 1232. Im Jahr 1240 wurde die Kirche, die damals noch nicht vollendet war, bereits als herrliches Bauwerk gepriesen.

Der Bau konnte aber nicht so schnell vollendet werden. Der berüchtigte Tyrann Ezzelino erhielt von Kaiser Friederich II. die Herrschaft über Padua zugesprochen. Er, den Antonius nicht bekehren konnte, verhinderte den Weiterbau des Gotteshauses. Nachdem die Stadt Padua im Jahr 1256 von der Tyrannei Ezzelinos befreit wurde, schrieben die Menschen diese Befreiung dem Fürbittgebet des heiligen Antonius zu. Der Kirchenbau konnte nun weiter vorangetrieben werden. Sechs Jahre später wurde die Kirche vollendet.

Am 8. April 1263 wurden die Gebeine des heiligen Antonius feierlich von der Kirche *Santa Maria Mater Domini* in die neu gebaute Basilika überführt. Der heilige Bonaventura[88], der damalige Generalminister des Franziskanerordens, war bei dieser wichtigen Feier zugegen. Für die Überführung wurden die sterblichen Überreste des Heiligen untersucht. Dabei entdeckte man, dass die Zunge des großen Künders des Wortes Gottes unversehrt war. Bonaventura rief voller Ergriffenheit aus:

„Gesegnete Zunge, die du immerfort den Herrn gepriesen und viele Menschen angeleitet hast, ihn zu

[88] Bonaventura (Giovanni di Fidanza), geboren1221 in Bagnoregio, Studium 1236–1238 in Paris, Eintritt in den Franziskanerorden 1243, Generalminister ab 1247, erhoben zum Kardinalbischof von Albano 1273, gestorben während des Konzils von Lyon 1274, heiliggesprochen 1482; von Papst Sixtus V. im Jahr 1588 zum Kirchenlehrer ernannt.

preisen. Jetzt wird offenbar, wie viel Gnade du gefunden hast bei Gott."

Die nicht verweste Zunge wird heute noch in einem eigenen Reliquiar in der Antonius-Basilika aufbewahrt.

Reliquien

Im Jahr 1350 fand die weitere Erhebung der Gebeine des Heiligen statt. Das Kinn wurde bei dieser Erhebung in ein eigenes Reliquiar gelegt. Die restlichen Gebeine und die Kutte des Heiligen wurden in je drei Gruppen aufgeteilt, in Tücher gehüllt und in einen kleinen Holzsarg gelegt. Dieser wurde dann in den Sarkophag übertragen. Noch heute werden die Reliquien des heiligen Antonius in einer Kapelle des linken Kirchenschiffes der Basilika aufbewahrt.

Eine größere Armreliquie (unterer Teil des rechten Oberarmes) wird bis zum heutigen Tag in der Franziskanerkirche *St. Anna* in München aufbewahrt und verehrt. Bruder Michael von Cesena übergab als Generalminister des Minderbrüderordens diese wertvolle Reliquie König Ludwig von Bayern, der sie seinerseits den Franziskanern von München überließ.

Anlässlich des 750. Jubiläums des Todes des heiligen Antonius wurden 1981 die Reliquien gehoben und sorgsam medizinisch untersucht. Man fand den Schädel, die Gebeine, Haare, kleine Knochenstücke und die Kutte des Heiligen. Die medizinische Untersuchung brachte Folgendes an den Tag: Antonius war etwa 1,68 Meter groß, somit war er für damalige Verhältnisse eher ein großer Mensch. Der Schädel ist oval und länglich. Die Nase soll eine Form einer Adlernase gehabt haben. Unterhalb der Knie fand man an den Schienbeinen einen deutlichen Wulst. Das kann vom Knien auf Steinen herrühren. Die Biografen bestätigen, der Heilige habe am Tag und in der Nacht viele Stunden des Gebetes und der Betrachtung zugebracht. Die Knochen der Beine waren angeblich stärker entwickelt. Dadurch wurde bestätigt, dass Bruder Antonius unzählige Male lange Märsche zu Fuß unternommen hatte. Denken wir nur an die vielen Predigtreisen, die Visitationen der Brüder etc.

Lothar Hardick spricht von einem weiteren interessanten Fund:

„Ferner wurde das Zungenbein mit einer breiten Hautschicht der unteren Kinnpartie gefunden, und auch die pyramidenförmigen Stellknorpeln des Kehlkopfes, welche die Schwingungen der Stimmbänder regulieren, sind vollständig erhalten. Offensichtlich wollte Gott nicht nur die Zunge (das lateinische Wort *lingua* bedeutet „Zunge", aber auch „Sprache"), sondern den ganzen Stimmapparat unversehrt erhalten, mit dem der Heilige so mächtig den Glauben und auch die Armen verteidigt hatte. Der Gesamtbefund der Reliquien lässt nicht auf eine genau anzugebende Krankheit als Todesursache schließen."[89]

---

[89] Lothar Hardick, a.a.O., 131.

Das Predigtwerk

Antonius war nicht nur ein großer Prediger, er redigierte auch die *Predigtskizzen*. Sie sind in Latein abgefasst. Die Predigten hielt der Heilige allerdings jeweils in der Landessprache, ja sogar in der Mundart.

Kein einziges Wort, das uns von Antonius überliefert ist, hat er selbst aufgeschrieben. Im Gegensatz dazu sind vom heiligen Franz von Assisi mit drei Autographen (eigenhändig geschriebene Schriftstücke) drei Dokumente erhalten geblieben, die seinen Schriftzug tragen. Tonbandaufzeichnungen oder gar Videomitschnitte gab es zur damaligen Zeit noch nicht. Wir haben also keine Predigten, die er selbst so niedergeschrieben und gehalten hat, sondern vielmehr Skizzen mit biblischen und patristischen Inhalten, die anderen zur besseren Predigtvorbereitung dienen sollten. Diese Skizzen sind von seinen Sekretären aufgezeichnet worden.

Zunächst ist es nötig, sich mit der Vorstellungswelt und der Sprechweise des großen Predigers vertraut zu machen. Die Skizzen sind übervoll mit Vergleichen, Symbolen und Allegorien. Das Mittelalter liebte die Allegorien. Darin war der Heilige auch ein Kind seiner Zeit.

„Antonius war ein Schüler des heiligen Augustinus und ein Jünger des heiligen Franziskus; durch Augustinus ist er mit der platonischen Ideenwelt in Beziehung getreten, durch Franz von Assisi lernte er, die Natur des Menschen zu jener der Tiere und Pflanzen, der Gestirne und Elemente in ein geschwisterlich inniges Verhältnis zu bringen. Die größte Lehrmeisterin aber war ihm mit ihrer an Symbolen so reichen Sprache die Heilige Schrift selbst; die Parabeln des Heilandes in ihrer vollkommenen poetischen Schönheit und unerreichbaren Treffsicherheit, die blühende Bildersprache des Alten Testamentes, insbesondere der Psalmen, die lebensvollen Vergleiche der Apostelbriefe, die seherisch-kühnen Allegorien der Apokalypse, das waren – neben antiken Dichtern und Philosophen, sprachgewaltigen Kirchenvätern und -lehrern sowie bedeutenden Ordensmännern – die wichtigsten Muster und Vorbilder des belesenen Predigers. Aber niemals hätte er die Massen des Volkes so hinreißen können, wie er es in der Tat vermochte, hätte er nicht das Gelesene mit genialer Zielbewusstheit dem jeweiligen Zwecke seiner Predigt dienstbar zu machen gewusst."[90]

Zwischen den Jahren 1227 und 1231 entstanden auf Wunsch der Mitbrüder und auf Bitte des Bischofs von Ostia, des späteren Papstes Alexander IV, zwei Predigtreihen.

Die erste Reihe verfasste er wohl schon im Jahr 1227 während seiner Predigttätigkeit. Die Sonntagspredigten *(Sermones dominicales)* geben einen Leitfaden für die Sonntage des Kirchenjahres. Zu ihnen gehören auch die Marienpredigten für die Marienfeste „Mariä Geburt", „Mariä Verkündigung", „Reini-

[90] Gertrud Herzog-Hauser, *Antonius von Padua,* Luzern 1947, 70–71.

gung Mariens" („Mariä Opferung") und „Marias Aufnahme in den Himmel".

Es ist anzunehmen, dass der heilige Antonius in diesen *Predigtskizzen* einige Themen ansprach, über die er selbst gepredigt hat. Diese Predigtreihe konnte er noch beenden.

Den zweiten Predigtzyklus nahm der Heilige kurz vor seinem Tod in Angriff, konnte ihn jedoch nicht mehr zu Ende bringen. Die eigene Predigttätigkeit unterbrach die Aufzeichnungen zu den Heiligenfesten. Antonius kam damit nur noch bis zum Gedächtnistag des heiligen Paulus. Nach dem damaligen liturgischen Kalender war dies der 30. Juli. Während der Aufzeichnung dieser Predigtzyklen hielt sich Antonius größtenteils im Franziskanerkloster *Santa Maria Mater Domini* in Padua auf. Heute steht dort die berühmte Grabeskirche des Heiligen.

Die Sermones

Was ist der Inhalt seiner *Sermones*? Die folgende Übersicht greift die wichtigsten dogmatischen Themen auf. Sie verdeutlicht die Einstellung des Heiligen zu wesentlichen Punkten der kirchlichen Lehre:

Bibel

Papst Gregor IX. nannte Antonius bei seiner Heiligsprechung in Spoleto „Schatztruhe der Heiligen Schrift". Für den heiligen Antonius war die biblische

Wissenschaft die edelste und wertvollste Wissenschaft. Nach seiner Auffassung sollten ihr alle anderen Wissenschaften dienen. Durch sein hervorragendes Gedächtnis konnte er häufig aus der Bibel zitieren.

Andreas-Pazifikus Alkofer OFM schreibt in seinem Antoniusbuch[91]: „Antonius war in der Art, wie er die Bibel für seine Predigten und seine Handreichungen auslegte, sicher kein Neuerer. Antonius ist kein theologischer Bahnbrecher, aber er zeichnet mit den Hilfen, die ihm seine Epoche gibt, ein lebendiges Zeugnis für die Schriftauslegung seiner Zeit. Die wirklichen Bahnbrecher in der Theologie und der Bibelauslegung werden ein paar Jahrzehnte später zwei andere Bettelbrüder sein: Thomas von Aquin (ein Dominikaner) und sein Zeitgenosse Bonaventura (ein Franziskaner)."[92]

Christus

Der Heilige unterstreicht die Unvergänglichkeit seines heiligen Lebens, vor dem jedes Leben verblasst. Von Christus als dem Erlöser hatte Bruder Antonius sehr klare Vorstellungen. Seine Predigten über ihn müssen wirkungsvoll gewesen sein. Seine *Sermones* über Jesus Christus schließen mit folgenden Worten:

---

[91] Andreas-Pazifikus Alkofer, *Antonius von Padua, Franziskaner auf Umwegen*, Würzburg 1994.

[92] Ebd., 135.

„Dir, Jesus Christus, geliebter Sohn Gottes, des Vaters, der du in uns allen zu unserem Wohl wirkst, sei alles Gute, aller Ruhm, alle Ehre, alle Ehrfurcht zuteil. Du, der du das Alpha und Omega bist, Anfang und Ende, du hast es mir Unwürdigem gewährt, durch deine Barmherzigkeit und Güte diese meine mühevolle Arbeit zu Ende zu bringen."[93]

Maria

Der heilige Antonius war einer der größten Marienverehrer der Kirche. Wir könnten ihn an die Seite des heiligen Bernhard von Clairvaux stellen. Der Franziskaner aus Lissabon konnte seine adelige Herkunft nicht verleugnen. Zeitlebens war er der Ritterlichkeit verpflichtet: für Gott und die Kirche zu kämpfen und die Ehre der Frauen zu schützen. Wir wissen, dass der Heilige als Prediger, Beichtvater und Wundertäter immer für bedrängte Frauen eintrat. Während der Ritter des Mittelalters auf seine Dame ausgerichtet war, war es der heilige Antonius auf die Gottesmutter Maria. Er schied mit einem Muttergotteshymnus auf den Lippen aus dem Leben.

„Wie der im Kampf zu Tode verwundete Ritter noch im Sterben seine Dame grüßt, so stirbt auch Fernando-Antonius, noch jung an Jahren, mit dem Gedanken an seine Herrin im Herzen, auf den erkaltenden Lippen den Marienhymnus *O gloriosa Domi-*

---

[93] Sophronius Clasen, a.a.O., 303.

na („O du erhabene Himmelskönigin"). Der symbolfreudige Geist des mittelalterlichen Predigers wird nicht müde, die schönsten Sinnbilder anzuwenden, um die Erhabenheit und Schönheit, die Güte und Barmherzigkeit, die Klugheit und Demut, die Liebe Mariens und nicht minder ihre Verdienste und Leiden seinen Zuhörern nahezubringen."[94]

Seit den frühesten Kindertagen rief er den Namen Marias an. Maria, der Muttergottes, war er zutiefst ergeben. Maria widmete er sechs Predigten und pries sie auf verschiedenste Weisen. Maria ist nach dem heiligen Antonius aufgrund ihrer Reinheit der mystische Thron. Zu diesem Thron kann man über sechs Stufen aufsteigen. Dafür ist es nötig, ihre Tugenden, die marianischen Tugenden, zu pflegen: Schamhaftigkeit, Klugheit, Bescheidenheit, Ausdauer, Demut und Gehorsam. Er, der in die Gottesmutter Verliebte, vergleicht sie mit einer Lilie, einem goldenen Gefäß, einem Olivenbaum, dem Regenbogen und der Pforte des Himmels. Er nennt sie gleichsam die neue Ester und beschreibt dabei ihre ehrenvolle Aufnahme in den Himmel. Eine der Anrufungen an sie lautet:

„Wir bitten dich also, unsere liebe Frau, dass du, Stern des Meeres, dein Licht über uns strahlen lässt, die wir uns in den irdischen Stürmen befinden. Führe uns in den sicheren Hafen und tröste uns mit deiner Gegenwart in unserer letzten Stunde, damit wir in Frieden aus diesem Exil scheiden und glücklich in

[94] Gertrud Herzog-Hauser, a.a.O., 151–152.

die unendliche Seligkeit des Himmels eingehen. Diese Gnade möge uns jener gewähren, den du in deinem Schoß getragen und mit deiner Milch genährt hast, dein göttlicher Sohn, dem Ruhm und Ehre für die ganze Ewigkeit gebührt. Amen."[95]

Wie der heilige Franz von Assisi, der seinen Orden in *Santa Maria degli Angeli* unter den Schutzmantel Mariens stellte, so priesen auch Antonius und viele geistliche Söhne des *Poverello*[96] die Vorzüge Mariens, vor allem ihre unbefleckte Empfängnis und ihre leibliche Aufnahme in den Himmel und trugen damit auch zur Formulierung dieser beiden Dogmen bei.

Kirche und Papst

Der irdische Pilgerweg der Kirche beginnt mit der Menschwerdung des Sohnes Gottes. Dazu schreibt der heilige Antonius:

„Christus ging aus dem Schoß des Vaters hervor und kam auf die Erde, um den Samen für seine Kirche zu legen und sie zu erbauen, um in ihr eine unzerstörbare und fortdauernde Saat für Jahrhunderte zu schaffen."[97]

Die Kirche wurde gegründet, als der Heilige Geist an Pfingsten auf sie herabkam. Sie hat die Aufgabe, die Menschen zu taufen, dem Befehl Jesu nachzukommen, alle Menschen zu seinen Jüngern zu ma-

---

95 Paolo Scandaletti, a.a.O., 76.

96 Gottfried Egger, *Maria und die Franziskaner*, Jestetten 2010.

97 Sophronius Clasen, a.a.O., 149.

chen. Der Kirche ist die göttliche Offenbarung durch die Heilige Schrift und die apostolische Tradition anvertraut. Den Bischöfen ist die Führung der Herde übergeben. Sie müssen gleichsam über die ihnen Anvertrauten wachen (Bischof, *Episkopus*, heißt Wächter). Ihnen schulden die Gläubigen Gehorsam, ebenfalls dem Papst, der das Fundament der Kirche durch Jesus Christus ist. Antonius betont:

„Er (Jesus) sagt nicht: Du wirst dich so nennen, sondern du bist Petrus, mein Fels. … Der oberste Pontifex soll ein weiser und ein guter Steuermann sein, und er ist unfehlbar durch göttliche Weisung."[98]

Die Erkenntnis Gottes

Der Heilige forscht in den heiligen Büchern, aber er fragt auch die geschaffenen Dinge. Der eine und dreifaltige Gott, der Schöpfer des Universums, erlöst den Menschen und bestimmt ihn zur Seligkeit. So schreibt der heilige Antonius:

„Wie der Sonnenstrahl heruntersteigt und die Welt erleuchtet und dennoch niemals von der Sonne sich trennt, so steigt der Sohn vom Vater herab, erhellt die Welt und trennt sich doch niemals vom Vater. … Der höchste Ursprung ist der Vater, von dem alle Dinge stammen. Die vollkommene Schönheit ist der Sohn, der die Wahrheit des Vaters ist, in nichts ihm unähnlich. Der seligste Genuss und das höchste Gut ist der

[98] Paolo Scandaletti, a.a.O., 76.

Heilige Geist, der das Geschenk des Vaters an den Sohn ist."

Der heilige Antonius vergleicht die Dreifaltigkeit mit den Menschen:

„Durch das Gedächtnis ist der gläubige Mensch dem Vater ähnlich, seine Erkenntniskraft spiegelt den Sohn wider, und durch die Liebe ahmt er den Heiligen Geist nach."[99]

Mensch und Moral

Zu seiner Zeit war die Unmoral stärker verbreitet als die Häresie. Daher wird Antonius nicht müde, die Menschen immer wieder zur Umkehr und zur Buße aufzurufen. Sie sollen ein Leben nach den christlichen Tugenden führen. So sagt er über die Pharisäer:

„Gerechtigkeit (für sie) bestand darin, zwar die Hand, nicht aber die Seele vom Bösen fernzuhalten. Deshalb glaubten die Juden nicht an Gedankensünden, sondern nur an solche der Tat. Die Gerechtigkeit der Apostel hingegen war echte Weisheit. Die Überfülle der göttlichen Gnade hilft uns nicht nur dazu, die Hand von bösen Handlungen, sondern auch die Seele von schlechten Gedanken fernzuhalten."[100]

Antonius geht auch ausführlich auf das Thema *Tugenden und Laster* ein. Interessant ist seine Bemerkung über die Reihenfolge der Sünden in der Beichte. Sie sollen so vorgetragen werden, wie es im *Confite-*

---

99 Paolo Scandaletti, a.a.O., 77–78.

100 Ebd., 78.

or am Anfang der Messe steht: in Gedanken, Worten und Werken.

Mystisches und apostolisches Leben

Der Weg der christlichen Vollkommenheit vollzieht sich stufenweise: Anfänger, Fortgeschrittene, Vollkommene. Antonius spricht auch vom Modell der Heiligkeit: Kontemplation allein genügt nicht, sie muss gleichsam durch die Tat umgesetzt werden.

„Die Süße des kontemplativen Lebens erhält die Seele in der Frische der Gnade – das ist ein persönlicher geistlicher Gewinn, der dann auch den anderen großzügig zukommen soll. Die Seele wird wiedergeboren, der Geist wird gewandter im innigen Umgang mit Gott, und so wird das Apostolat erst fruchtbar. Wer in der Vollkommenheit voranschreiten will, muss nicht nur die Verlockungen der Welt verlassen, sondern auch sich selbst. ... Gott richtet sein Auge auf das Herz, wenn er das Licht der Beschauung eingießt; wo daher das Erkennen ruht, wird die Liebe wachsen. Auf Erden wird uns nur ein Vorschuss gewährt, doch dereinst im Himmel sättigt die Herrlichkeit Gottes, einmal erschaut, für immer."[101]

[101] Paolo Scandaletti, a.a.O., 79–80.

Kult und Patronate

Bräuche

Es gibt wohl keinen Heiligen auf der Erde, der so oft als Helfer in der Not angerufen wird wie der heilige Antonius. Bis auf den heutigen Tag hat seine Verehrung nicht nachgelassen.

Mit der Heiligsprechung ist vielfach auch die Zuständigkeit eines Heiligen für besondere Anliegen verbunden. Bei Halskrankheiten denken wir an den heiligen Blasius, bei Feuersbrünsten an den heiligen Florian, der heilige Josef gilt als Patron der Sterbenden, der heilige Wendelin ist zuständig für das Vieh, der heilige Nikolaus von Myra wird bei Gefahren des Meeres angerufen und die heilige Apollonia bei kranken Zähnen. Der heilige Antonius ist praktisch für alle Bereiche zuständig. Die Volksfrömmigkeit ruft ihn aber in besonderer Weise als den Wiederbringer verlorener Sachen an. Diese Zuständigkeit geht bis ins 13. Jahrhundert zurück.

- Wiederbringer verlorener Sachen

Nicht nur besonders fromme Menschen rufen Antonius als Wiederbringer verlorener Sachen an. Man wendet sich an ihn auch als Wiederbringer des verlorenen Glaubens, als Wiederbringer untreuer Gatten und Gattinnen und als Wiederbringer verlorener Gesundheit. Ebenso wird Antonius als gütiger Vermittler von Ehepartnern, als Reisepatron, als Brotvater der Armen, als Tröster in Verlassenheit angerufen. Ebenso wendet man sich an den großen Theologen Antonius in Zweifeln und in Glaubensnot. Kurz, in jeder Sorge und bei jedem Kummer erinnert man sich an den heiligen Antonius, der in den verschiedensten Nöten den Menschen aller Stände und Schichten geholfen hat.

Auf diese Zuständigkeit hatte wohl der Hymnus von Bruder Julian von Speyer *Si quaeris miracula* einen Einfluss: „Es heilen die verletzten Glieder, verlor'ne Sachen kommen wieder." Den Fuß des überschnellen jungen Mannes, der sich zur Buße seinen Fuß abhackte, „fand" Antonius „wieder" und heilte ihn.

Mit Sicherheit steht die Zuständigkeit für das Wiederfinden vor allem aber in engem Zusammenhang mit einer weiteren Episode aus dem Leben des Heiligen: In Montpellier wurden ihm eines Tages seine Predigtskizzen *(Sermones)* gestohlen. Sie waren nicht auffindbar. Auch seine Mitbrüder konnten ihm beim Suchen und Finden nicht helfen. Sein Kommentar zu den Psalmen blieb verschwunden. Das Manuskript war eine Arbeit von Jahren. Es war außerordentlich wichtig für seine Predigten und für die Ausbildung seiner jungen Mitbrüder. Aber es schien unmöglich, den Dieb zu finden. Da kniete der Heilige nieder und begann zu beten. Er flehte den Herrn an, der Dieb möge ihm das Gestohlene zurückbringen.

Seine Gebete wurden erhört. Verantwortlich war

ein junger Novize. Dieser verließ am gleichen Tag das Kloster, ohne seinen Oberen zu benachrichtigen. Er hatte schon einen beachtlichen Teil der Stadt durchquert, als er auf einmal auf einer Brücke einem Monster begegnete. Dieses drohte ihm und forderte ihn auf, er möge das Gestohlene wieder zurückbringen. Tief erschrocken eilte der Novize ins Kloster zurück und warf sich dem heiligen Antonius zu Füßen. Der Novize gab den Diebstahl zu und bereute die Tat. Er hatte gehofft, mit einem Manuskript des heiligen Antonius zu Ehren zu kommen. Antonius vergab ihm. Der reumütige Novize kehrte in den Orden zurück.

- Antoniusbrot

Das erste Antoniusbrot wird schon in Padua erwähnt. Das *Liber Miraculorum* („Das Buch der Wunder"), das zwischen den Jahren 1307 und 1347 entstanden ist, berichtet darüber. Ein zwanzig Monate altes Kleinkind namens Tommasino fiel in einen Wasserbehälter und ertrank. Die Mutter zog das Kind leblos heraus. In ihrer Verzweiflung schrie sie, ohne aufzuhören, zum heiligen Antonius um Hilfe. Sie versprach ihm, den Armen so viel Weizen für Brot zu schenken, so viel das Kind wiege. Bis Mitternacht flehte sie für das Kind. Plötzlich erwachte der Kleine zu neuem Leben. Die Frau tat, was sie versprochen hatte. Das war der Anfang des „Brotes der Armen". Es wurde ursprünglich *pondus pueri* („Gewicht des Kindes") genannt.

Aus dem Jahr 1887 wird eine ähnliche Begebenheit aus Padua berichtet. In der Stadt des heiligen Antonius gab es zu dieser Zeit viele Arme und Notleidende, denen das Nötigste fehlte. Der Kanonikus Locatelli litt unter der Not in seiner Stadt. Er besaß großes Vertrauen zum heiligen Antonius. Eines Tages kam er auf die Idee, eine Statue des Heiligen aufzustellen. Dort konnten Bittgesuche abgelegt, aber ebenso auch Dankesgaben abgegeben werden. Durch diesen Tausch wurde vielen notleidenden Menschen geholfen.

Der eigentliche Ursprung des „Geschäftes" mit dem „Antoniusbrot" liegt allerdings im Süden Frankreichs, in Toulon (circa siebzig Kilometer südöstlich von Marseille). Es begann in der Stube der Näherin Louise Bouffier. Auch sie war eine große Verehrerin des heiligen Antonius. Er hatte ihr immer wieder aus verschiedenen Nöten herausgeholfen. Eines Tages konnte sie ihr Türschloss nicht mehr öffnen. Was sollte sie tun? Sie versuchte es immer wieder, aber ohne Erfolg. Sie ließ einen Schlosser holen, dem es jedoch auch nicht gelang, das Schloss zu öffnen. Er ging weg, um andere Werkzeuge zu holen. Louise versprach dem heiligen Antonius, an Arme Brot zu spenden, wenn er ihr helfen würde. Als der Schlosser mit einem anderen Werkzeug zurückkam, ließ sich das Schloss ganz einfach ohne irgendein Werkzeug öffnen. Louise stellte daraufhin eine Statue des heiligen Antonius auf. Alle, die in ihren Laden kamen, durften dort schriftliche Bitten niederlegen. Ebenso konnten sie zum Dank Gaben beim Heiligen zurücklassen.

„Die Idee zündete. Während anfangs nur einige Bittsteller in den Laden kamen, um es einmal mit Antonius zu versuchen, kamen später immer mehr auch mit Dankesgaben. Antonius im Laden bekam nach einiger Zeit sogar Post mit Bitten von vielen Leuten, Geldspenden kamen herein mit der Bestimmung, Brot für die Armen zu kaufen. Im Jahr 1892, also gerade zwei Jahre nach dem auslösenden Ereignis mit der verschlossenen Türe, waren es bereits 5443 Franken, im Jahr darauf schon 38 481 Franken und im Jahr 1894 war die Summe auf 108 506 Franken gestiegen, die allein in dem Kaufladen in Toulon eingegangen waren. Rund zweitausend Briefe pro Monat liefen beim heiligen Antonius im Kaufladen ein.

Das Beispiel wurde vielfach nachgeahmt, so zum Beispiel von den Augustinern in Bordeaux, die bereits 1894 eine Jahreseinnahme von 70 000 Franken für das „Antoniusbrot" zugunsten der Armen hatten. Auf die Dauer gab es kaum noch eine Kirche, in der nicht eine Statue oder ein Bild des Heiligen mit einem Opferstock für das „Antoniusbrot" zu finden war.

Auch hier zeigt sich wiederum die praktische Theologie des heiligen Antonius, der es schafft, dass Menschen mit ihren Anliegen nicht in ihrem Kummer stecken bleiben, sondern sich in Liebe öffnen, um Armen zu helfen."[102]

---

[102] Lothar Hardick, a.a.O., 134.

- Antoniusdienstag

Der Heilige starb an einem Freitag, 13. Juni 1231, in der Niederlassung der Franziskaner bei Arcella. Der Verstorbene konnte allerdings erst am darauffolgenden Dienstag aus den schon erwähnten Gründen in Padua beigesetzt werden. An diesem Dienstag begann so etwas wie ein Triumphzug des Heiligen durch die Welt. Hilfesuchende aller Art, Kranke und Leidende umlagerten das Grab des Wundertäters. Die Kranken, die an diesem Tag zum Heiligen gebracht wurden, wurden plötzlich wieder gesund. Noch heute wird in der franziskanischen Familie jeden Dienstag für Kranke und Leidende gebetet. Sie werden der gütigen Schutzmacht des Heiligen empfohlen. Oft wird mit seiner Reliquie der Segen gespendet.

Im Jahr 1617 erschien der heilige Antonius einer frommen Frau und teilte ihr mit, dass sie Erhörung finden werde, wenn sie ihn an neun darauffolgenden Dienstagen anrufen werde. So entstand die Tradition, die neun dem 13. Juni vorausgehenden Dienstage mit Gebeten, aber auch mit karitativen Werken zu feiern.

Zur Erinnerung an den Todestag des heiligen Antonius wurden auch die dreizehn Dienstage gefeiert. Diese dreizehn Dienstage gehen zurück auf die sogenannten „Dreizehn Privilegien des heiligen Antonius". Dies ist in seinem Responsorium *Si quaeris miracula* zu finden. Es „werden dreizehn Fälle aufgezählt, in denen man auf die Hilfe des Antonius rechnen darf. Es sind so ziemlich alle Gebrechen des

Leibes und auch der Seele, von denen die geplagte Menschheit heimgesucht wird:

1. *Mors.* Antonius erweckt nach drei Tagen ein ertrunkenes Kind zum Leben.

2. *Error.* Er bewirkt, dass aus einigen trockenen Reben volle Trauben wachsen.

3. *Calamitas.* Er gibt einem Manne, der über ihn gespottet hat, das Gesicht wieder.

4. *Daemon.* Er befreit eine Frau, der der Teufel in Gestalt des Gekreuzigten erscheint.

5. *Lepra.* Er lässt den Aussatz von einem Verehrer auf einen Ungläubigen übergehen.

6. *Mare.* Rettung aus Seenot.

7. *Aegri.* Heilung einer kranken Tochter des Königs von Leon.

8. *Vincula.* Bewirkt, dass ein Schuldner befreit wird.

9. Membra. Gibt einem verführten Verehrer den Gebrauch der Augen und der Zunge wieder.

10. *Res perditas.* Wiederfindung eines Ringes im Bauche eines Fisches.

11. *Pericula.* Befreit einen Verehrer aus Todesgefahr.

12. *Narrent.* Tägliche Wunder in Padua bezeugen seine Kraft.

13. *Cessat et necessitas.* Steht armen Frauen bei, die der Teufel getäuscht hatte."[103]

---

[103] Beda Kleinschmidt , *Antonius von Padua,* Düsseldorf 1931, 346.

Patronate

• Für Reisende

Der heilige Antonius gilt als Patron der Reisenden. Er selbst unternahm in seinem Leben viele Reisen. Zum Predigt- und Seelsorgedienst, zum Besuch seiner Mitbrüder nahm er oft viele Wegstunden zu Fuß auf sich. Vor allem in Schlesien war es Brauch, den Heiligen jeweils vor einer Reise anzurufen. Die heilige Franziskanerin Kreszentia Höß aus Kaufbeuren musste eines Tages zusammen mit einer Mitschwester eine längere Wanderung nach Lechfeld unternehmen. Sie fürchtete sich vor dem langen unbekannten Weg. In ihrer Not rief sie den heiligen Antonius an. Nicht lange danach klopfte ein Bote an die Klosterpforte und bot sich als Begleiter an. Die drei kamen glücklich am Ziel an. Die Schwestern staunten nicht wenig, als dann der freundliche Begleiter auf einmal verschwand.

• Viehpatron

Antonius der Einsiedler, der in Ägypten lebte, galt seit dem 12. Jahrhundert als Patron des Viehs. Sein Attribut ist häufig das Schwein. Beda Kleinschmidt schreibt in seinem Antoniusbuch dazu Folgendes:

„Beim schlichten Volk ist es aber … fast unmöglich, zwei Heilige desselben Namens auseinanderzuhalten. Als daher der Wundertäter von Padua die Verehrung immer mehr auf sich lenkte, wurde er bei der Bedeutung, die das Vieh für den Landmann hat, auch bei dessen Erkrankung angerufen. ... Und wie das „Antoniusschwein" mit einem Glöcklein umherlief, so hing man auch mancherorts den Schweinen und Kühen eine Glocke an den Hals, die mit dem Bilde des Antonius von Padua geschmückt war. ... Vielleicht hat der Umstand, dass Antonius in der Darstellung des Hostienwunders immer mit einem Esel auftritt, auch dazu beigetragen, ihn hie und da zum Patron des Viehs zu machen."[104]

So hat der heilige Antonius von Padua dem heiligen Antonius aus Ägypten beinahe den Rang abgelaufen.

- Partnervermittler

In Mexiko wird Antonius als der Patron der Familie und der Ehe betrachtet. In Italien geht das Sprichwort um: *Sant'Antonio fammi sposare che sono stufa di tribolare* („Heiliger Antonius, lass mich heiraten, bin müde zu leiden!").[105]

Der heilige Antonius gilt nicht nur als der Wiederbringer verlorener Sachen, er muss auch als Heiratsvermittler fungieren. In Oberschlesien ging der Spruch um: „Heiliger Antonius, du weißt es ja am besten, wie du mich kannst trösten. Tag und Nacht

---

[104] Beda Kleinschmidt, a.a.O., 381.

[105] Patrizia Cattaneo, *Antonio di Padova. Un amico tra cielo e terra*, Padova 2011, 110.

nicht schlafen kann, weil ich noch hab' keinen Mann."[106]

Ich denke, der Heilige hat schon so vielen in dieser Angelegenheit geholfen, er wird auch da weiterhelfen. Nicht umsonst werden jährlich Single-Wallfahrten nach Padua organisiert, in der Hoffnung, dass der eine oder die andere auf die Fürbitte des *Santo* einen Partner oder eine Partnerin fürs Leben finden kann.

- Briefbote, Heiliger der Korrespondenz

Folgende Episode wird um das Jahr 1729 aus Spanien erzählt. Eine Frau aus Oviedo musste ihrem Mann, der aus beruflichen Gründen nach Peru emigriert war, einen Brief schicken. Sie war darauf angewiesen, eine schnelle Antwort zu bekommen. So vertraute sie ihr Anliegen dem heiligen Antonius an. Sie ging in die Kirche und legte den Brief in den großen Ärmel seiner Kutte. Bereits am darauffolgenden Tag fand sie die Antwort ihres Mannes im Kuttenärmel des *Santo*. Noch heute ist der Brief in Oviedo zu sehen, der den Absender „Lima" trägt und das Datum des 23. Juli 1729. Der Schreibende bestätigt, dass er diesen Brief aus den Händen eines Franziskaners erhalten habe. Seit dieser Zeit wird der heilige Antonius als Führer und Helfer bei der Korrespondenz angerufen.

[106] Beda Kleinschmitt, a.a.O., 382.

In Deutschland und in anderen Ländern wurde es Brauch, wichtige Briefe dem heiligen Antonius anzuvertrauen. Man pflegte deshalb auf der Rückseite des Briefes die drei Großbuchstaben zu schreiben: *S(ankt) A(ntonius) G(eleit). In* Spanien lautete die Empfehlung an den Heiligen: *R(ecomendado a) S(an) A(ntonio).* Man bedruckte sogar eine Verschlussmarke mit dem Bild des heiligen Antonius, die mit den drei Großbuchstaben *S.A.G.* oder *R.S.A.* versehen war.

• Weitere Patronate

Es gibt noch weitere Patronate, die dem heiligen Antonius zugeschrieben werden. Sie alle aufzuzählen, würde den Rahmen dieses Buches sprengen. Erwähnt werden soll aber noch, dass der Heilige als Patron in Kriegsnöten galt. In der Kunst wurde er deswegen manchmal mit den Insignien eines Heerführers (Admirals) ausgestattet.

Auch während der Pest nahm man beim heiligen Antonius Zuflucht. Immer wieder wurde ihm Hilfe in Seenot zugesprochen. Auf verschiedenen Votivtafeln wird dies in Wallfahrtsorten oder Antoniuskirchen zum Ausdruck gebracht.

Der Heilige gilt als großer Kinderfreund. Eine große Anzahl von Wundern wirkte er an Kindern. Er befreite sie von den Folgen von Unfällen oder rief Verstorbene wieder zum Leben zurück. Kein Wunder, dass besorgte Mütter und Väter bei Krankheiten und

Unglücksfällen ihrer Kinder beim heiligen Antonius Zuflucht nahmen.

Frömmigkeitsformen

- Lilienweihe und Lilienprozession

Die Lilie ist ein Attribut des heiligen Antonius. Sie ist ein Zeichen seiner Reinheit. Nach dem *Rituale Romano-Seraphicum Ordinis Fratrum Minorum*[107] aus dem beginnenden 20. Jahrhundert wurden am Antoniusfest Lilien gesegnet. Bei dieser Weihe wurde jeweils das Evangelium „Von den Lilien des Feldes und den Vögeln des Himmels" gelesen. Danach wurden die Lilien an die Brüder der Klostergemeinschaft verteilt. Mit den Lilien in den Händen fand anschließend eine Prozession statt.

Vom Kloster *Sant' Antonio* an der Via Merulana in Rom wird berichtet, dass die Brüder von dort in einer Prozession zur nahe gelegenen *Lateranbasilika* gingen. Nach dieser Andacht bemächtigten sich die Leute der Lilien der Brüder, weil sie diese für heilkräftig hielten.

Im Weihegebet der Lilien erinnert die Kirche nicht nur an die Reinheit des heiligen Antonius, sondern sie erteilt durch ihren Segen und durch die Lilien auch Kraft gegen das Böse und schwere Krankheiten.

---

[107] *Römisches Rituale des Franziskanerordens* (OFM), 1910, 176 ff.

Sie fleht durch dieses Zeichen des Friedens um Gnade und Frieden für alle, die die Lilien tragen.

Die Kirche stellt mit diesen Segensgebeten besonders Kinder unter den Schutz des heiligen Antonius und bittet Gott, er möge die Kinder segnen, sie rein bewahren und wie das göttliche Kind in Nazareth wachsen lassen in Weisheit und Gnade. Der heilige Antonius ist auch Patron der Kinder und Jugendlichen.

- Weihe an den heiligen Antonius mit Franziskanerkutte

Eine interessante Antonius-Verehrung finden wir in Südosteuropa, in Ägypten und teilweise auch in Italien. Man überreicht kleinen Kindern, die in eine schwere Gefahr kommen oder unter einer Krankheit leiden, eine kleine Franziskanerkutte. In diesem Gewand weiht man das Kind dem heiligen Antonius. Damit ist das Versprechen verbunden, für ein Jahr und länger diese Franziskanerkutte zu tragen. Es ist jeweils ein lustiger Anblick, wenn solche Kinder auf der Straße mit ihren Kameraden spielen. Ich habe vor Jahren einmal in einem Gottesdienst der Italiener in der Schweiz während der Predigt einen „kleinen Antonius" entdeckt.

• Antonius-Rosenkranz

In Bosnien ist die Antonius-Verehrung so alt wie die ältesten Franziskanerklöster. Sie gehen auf das 13. und 14. Jahrhundert zurück. In Bosnien kannte man noch in den 30-iger Jahren des letzten Jahrhunderts einen Rosenkranz zu Ehren des heiligen Antonius. Dieser Rosenkranz bestand aus dreizehn Vaterunsern, „Ave Maria" und „Ehre sei dem Vater", bei denen dreizehn Hauptwunder aus dem Leben des heiligen Antonius betrachtet wurden.

• Verehrung bei den Muslimen

Im Herzen von Istanbul, bei der *Basilika St. Antonius* der Franziskaner-Konventualen *(Sent Antuan Kilisesi)* im Quartier Beyoğlu verehren auch Muslime den Heiligen.

Jeden Dienstag kommen sie in die Kirche. Manchmal bringen sie Kerzen mit und legen sie zu Füßen der Antonius-Statue nieder. Auch schreiben sie sich in das Buch der Gebetsanliegen ein, das beim Eingang der Kirche ausliegt. Hier kann sich jedermann dem Bittgebet des Heiligen anempfehlen. In der Regel bitten die Leute um Schutz vor dem Bösen, um eine gute Ehe, um Heilung eines Kranken. Viele kommen auch zurück und danken dem heiligen Antonius für die Gebetserhörung. Der Heilige der ganzen Welt macht keine Unterschiede zwischen Religionen und Konfessionen. Er erhört alle, die ihn verehren.

In Sarajevo wurde schon vor Jahrzehnten aus der Antoniuskirche berichtet, dass immer wieder Muslime den Heiligen verehren. Sogar ein Imam ließ einige Kerzen zu Ehren des heiligen Antonius anzünden und offenbarte einem Franziskaner, dass er immer wieder Hilfe vom Heiligen erhalte.

Eine Muslima kam eines Tages in die Antoniuskirche in Sarajevo und legte hier ein Gelübde ab. Sie bat darum, ihrem Neugeborenen Milch geben zu können. Als sie die Kirche verließ, spürte sie, dass sie nun stillen konnte. Eine andere muslimische Frau wurde eines Tages von einem Laienbruder gefragt, warum sie so oft in diese Kirche komme. Sie gab spontan zur Antwort: „Ihr Anton hat mir geholfen. Alles, worum ich gebeten habe, ist in Erfüllung gegangen. Mein Mann hatte sich eine andere Frau genommen. Ich ging zu unseren *Hodjas* („muslimische Geistliche"), betete, aber es half nichts. Nun sagte mir meine Nachbarin, ich solle zum Anton gehen, er würde schon alles in Ordnung bringen. Wirklich. Ich ging in die Kirche, bezahlte eine Messe, fastete zu Ehren des Heiligen und nach drei Tagen kam mein Mann zurück. Jetzt leben wir beide wieder zufrieden und glücklich."[108]

---

[108] Beda Kleinschmidt, a.a.O.

Antoniusbrunnen

Wo Wasser ist, da ist Leben. Lebendiges Wasser ist immer ein Geschenk des guten Gottes. Jesus selbst sagt, dass aus seinem Innern Ströme des lebendigen Wassers fließen. Wasser ist Symbol des Lebens, des Heiligen Geistes, der Einheit in Christus, des Sakramentes der Taufe. Antonius, der in der tiefsten Verbundenheit mit Gott und Christus stand, hat deshalb immer wieder Quellen entspringen lassen. Verschiedene wurden zu Heilquellen.

- Messina

Als Antonius mit seinem Gefährten Philippus Schiffbruch erlitt und an die Küste Siziliens verschlagen wurde, machten sich die beiden gestrandeten Minderbrüder auf den Weg zum Franziskanerkloster in der Stadt Messina. Sie fanden dort liebevolle Aufnahme. Es wird erzählt, dass die Brüder dort kein Wasser fanden. Das Land war ausgetrocknet. Antonius gab ihnen die Stelle an, wo sie nach Wasser graben konnten. Die Quelle wurde gefunden. Das Wasser war wunderbar. Es hatte sogar heilende Wirkung.

- Brive

Nach der Predigt des heiligen Antonius im Jahr 1226 in Brive-la-Gaillarde begann ein Adeliger, den Brüdern ein Kloster zu bauen. Während des Baus entdeckte Antonius einige Naturhöhlen. Er wählte eine aus und zog sich zum Gebet und zur Kontemplation dorthin zurück. In einer Grotte, die unterhalb der seinen lag, entdeckte Antonius Wasser. Er begann zu graben, damit das Wasser fließen konnte. Seit dieser Zeit fließt das Wasser dort. Im Glauben haben verschiedene kranke Menschen beim Trinken dieses Wassers die Gesundheit des Leibes und der Seele erlangt.

- Varese

Der heilige Antonius kam während seines Provinzialates auch nach Varese. Er ließ im dortigen Franziskanerkloster nach Wasser graben. Dieses Wasser hatte heilende Wirkung. Besonders erfolgreich wurde es gegen das Malariafieber angewendet, das in jener sumpfigen Gegend nicht selten war.

Als die Mönche von Vercelli davon Kunde bekamen, baten sie Antonius, er möge auch ihrem Wasser heilende Wirkung verleihen. Nach seinem Segen wurde es zu Heilwasser und konnte verschiedenen Menschen helfen.

- Locarno

In Locarno wurde im Jahr 1230 ein Franziskanerkloster gegründet. Diese Gründung soll auf den heiligen Antonius zurückgegangen sein. Er selbst hat sich dort auch aufgehalten. Die Region gehörte zu dieser Zeit zur Provinz Romagna. Das Kloster wurde im Jahr 1848 aufgehoben.

Aus dem Jahr 1750 stammt eine Steintafel an der Wand des Hofes des ehemaligen Klosters, das heute als Kantonsschule dient. Diese Tafel weist darauf hin, dass Bruder Antonius hier ein Quellenwunder gewirkt haben soll.

Unter der Steintafel befindet sich ein mit einem schmiedeeisernen Gitter verschlossenes Loch in der Wand, von dem ein schmaler Schacht in die Tiefe führt. Daneben gibt es einen Brunnen. – Die lateinische Inschrift der Steintafel lautet:

„... Auf das Anerbieten der Bürger von Locarno hin nahm der heilige Antonius von Padua den Brunnen, der unter dieser Wölbung ausgegraben worden war, zu eigen an und schenkte ihnen durch seinen Segen Wasser im Überfluss und Wasser, das für die Kranken heilsam ist. / Bald wählte das Volk den hervorragenden Wundertäter zu seinem Schutzherrn, nachdem er sich durch neue Wunder weitere Verdienste erworben hatte.

Diejenigen, die in demselben Konvent leben, wollen dem aufs höchste verdienten Mann aus dem seraphischen Orden ein Denkmal setzen.

Im Jahr 1750“.[109]

[109] René Fuchs, Näfels 1991, 11.

Heiliger der ganzen Welt

Kein Berühmter dieser Welt kann sich rühmen, eine solch große Verehrung zu genießen wie der heilige Antonius. Die Kirche verehrt den *Santo* am 13. Juni, an seinem Sterbetag. In Padua wird er am 15. Februar, dem Fest der Übertragung der Reliquien, ein zweites Mal gebührend gefeiert.

Dem Heiligen weitere Huldigungen darzubringen, hat die Kirche noch durch eine Reihe von „inoffiziellen Verehrungen in volkstümlichen Andachten, Bruderschaften, Gebetsvereinen, Medaillen, Kreuzen keine Schranken gesetzt. Weit über die Schranken hinaus bezeugt vielgestaltiger und weit verbreiteter Volksbrauch, dass Antonius heute der Heilige der ganzen Welt ist".[110]

Die Heiligtümer des heiligen Antonius

- Antonius-Basilika

Wie oben berichtet, beschloss der Franziskanerorden, dem großen Heiligen eine größere und würdigere Kirche neben der Kapelle *Santa Maria Mater Domini* zu bauen. Diese Kirche sollte fortan das Grab des *Santo* beherbergen. Initiator des Baus war der selige Luca Belludi, der engste Vertraute des heiligen Anto-

[110] Beda Kleinschmidt, a.a.O., 403.

nius in seiner Zeit in Padua. Es folgten achtzig Jahre Baugeschichte mit drei Bauphasen.

Die erste Bauphase fand in den Jahren 1232 bis 1256 statt. Die Kirche hatte damals nur das Schiff, das dem heutigen Mittelschiff entspricht, mit zwei kleinen Querschiffen. An das nördliche Schiff schloss sich das Marienkirchlein *Santa Maria Mater Domini* an.

Im Jahr 1256, unmittelbar nach der Befreiung Paduas von Ezzelino da Romano, begann man mit dem Bau des zweiten Gebäudes. Es wurden zwei Seitenschiffe gebaut.

Bereits im Jahr 1263 konnte der Sarkophag des Heiligen von der Kirche *Santa Maria Mater Domini* in den nördlichen Querflügel der dreischiffigen Kirche übertragen werden.

Da die Zahl der Pilger immer größer wurde, erwies sich auch diese Kirche bald als zu klein. Die Stadt Padua, deren Verteidiger und Schutzpatron Antonius geworden war, beschloss, jährlich eine große Summe bis zur Vollendung des Bauwerkes beizutragen. Es war die Zeit der politischen Eigenständigkeit der Stadt Padua, ihre goldene Zeit! In Venedig waren eben die Kuppeln des Domes von *San Marco* gebaut worden. Die Stadt Padua baute sechs hoch hinausragende Kuppeln. Auch der heutige Turm mit dem Engel hatte damals eine Kuppelform. Erst später wurde er umgestaltet und erhielt in Anlehnung an das Heilige Grab von Jerusalem eine Turmpyramide. Die Fassade wurde restauriert und vor der ersten Kuppel und hinter der zweiten ein minarettförmiges Türmchen errichtet. Zusätzlich wurden an der Apsis zwei 68 Meter hohe Glockentürme gebaut.

Auch die Apsis wurde verändert und erweitert: Man errichtete einen Rundgang um die Apsis. Im Jahr 1310 wurde das ganze Bauwerk vollendet.

In der langen Bauzeit fügten sich zwei Stilrichtungen zusammen: Die romanischen Schiffe der Basilika mit ihren Kuppeln erinnern an den benachbarten Markusdom in Venedig. Die Apsis mit dem gesamten Kapellenkranz erinnert an die gotischen Kathedralen Frankreichs.

• Grabkapelle des heiligen Antonius

Im linken Schiff der Antonius-Basilika befindet sich das Grab des *Santo.* Wahrscheinlich befand sich hier früher die Apsis des Kirchleins *Santa Maria Mater Domini* aus der Zeit des heiligen Antonius. In dieser Apsis ruhten die sterblichen Überreste des Heiligen in den Jahren 1231 bis 1263.

Millionen Hände haben schon die grüne Marmorplatte berührt, die seit Jahrhunderten die Urne mit den sterblichen Überresten des heiligen Antonius in der sogenannten *Arca*-Kapelle[111] birgt. Diese Kapelle gilt in Italien als ein Schmuckstück der Hochrenaissance. Ein Mitbruder nannte sie sogar „die Herzkammer" aller Verehrung in der berühmten Basilika. Mit

---

[111] Ital. *arca* („Sarkophag").

einer stillen Geste liebkosen vor allem südländische Pilger und Pilgerinnen den glatten Stein, während ihre Lippen ein Gebet murmeln, das alles erbittet, selbst das Unmögliche. In Stille legen einige die Hand auf den Sarkophag, berühren ihn mit der Stirn oder küssen ihn.

Die Fassade der Antoniuskapelle hat Arkaden in der Form eines Portikus. Über den Säulen thronen die vier Evangelisten. Dies kommt wohl nicht von ungefähr. Man nannte den heiligen Antonius aus Padua, wie bereits erwähnt, unter anderem einen „Schrein der Heiligen Schrift". Im Zentrum befindet sich eine Marmorplatte mit folgender lateinischen Inschrift: „Die Stadt Padua hat dem heiligen Antonius dieses Heiligtum errichtet."

In der Mitte der reich verzierten Kapelle, die auch „Edelstein der Renaissance" genannt wird, steht der Altar des heiligen Antonius. Zu diesem Altar führen sieben Stufen hinauf.

Unter dem Altar, auf Augenhöhe, kommt man zum Steinsarkophag des *Santo*. Man erreicht ihn von der Rückseite des Altars her. Die vielen geopferten Kerzen, Krücken, Brautschleier, verschiedene Bilder und Fotos von Verkehrsunfällen oder anderen Unfällen und Fotos von Kindern und Erwachsenen sind Ausdruck eines großen Vertrauens, das die Pilger aus aller Welt dem *Santo* entgegenbringen: „Der Heilige hat geholfen, er wird weiter helfen!"

Das Grab wurde nach der Rekognoszierung[112] im Jahr 1981 bis zum 12. April 2008, dem Beginn der Restaurierung der *Arca*-Kapelle, nicht mehr geöffnet. Die sterblichen Überreste des Heiligen wurden damals in die Jakobus-Kapelle übertragen, wo sie verehrt werden konnten. Als am 4. Dezember 2009 die Restaurierungsarbeiten der *Arca*-Kapelle beendet waren, machte man die Grabkapelle der Öffentlichkeit wieder zugänglich. Vom 15. bis 20. Februar 2010 wurden den Gläubigen die sterblichen Überreste des Heiligen nochmals zur Verehrung in einer Kristallurne gezeigt. Am 20. Februar wurde der Schrein dann wieder an seinen ursprünglichen Ort zurückgebracht.

- Schatz- oder Reliquienkapelle

Hinter dem Hochaltar können die Pilger die Schatzkammer der Basilika besichtigen. Als das Grab 1263 zum ersten Mal geöffnet wurde, fand man die unversehrte Zunge des Heiligen, den ganzen Stimmapparat, zusammen mit dem Kinn, dem rechten Unterarm und anderen kleineren Reliquien. Sie wurden zur öffentlichen Verehrung ausgestellt. Die anderen sterblichen Überreste des Heiligen wurden in drei versiegelten Truhen ins Grab gelegt. Dieses wurde bis zum Jahr 1981 nicht mehr geöffnet.

In der Schatzkapelle werden die kostbarsten Reliquienschreine der Basilika aufbewahrt. Diese sind

[112] Überprüfung der Echtheit.

wahre Meisterwerke der Gold- und Silberschmiedekunst. Diese Barockkapelle wurde Ende des 17. Jahrhunderts vollendet.

In drei Nischen sind kostbare Reliquien aufbewahrt, Kelche, Votivtafeln und Schriftstücke des heiligen Antonius. Es gibt auch einen Stein, der dem *Santo* angeblich als Kopfkissen diente. Hier finden wir aber auch Reliquien anderer Heiligen.

In der mittleren Nische wird das Reliquiar (Giuliano da Firenze 1436) mit der nicht verwesten Zunge aufbewahrt. Etwas weiter oben steht das Reliquiar mit dem Kieferknochen des heiligen Antonius. Ein neues Reliquiar befindet sich darunter (Carlo Balljana 1981). Es birgt das Zungenbein und einen Teil des Stimmapparates. Seit der Rekognoszierung im Jahr 1981 wird in der Schatzkapelle auch die Kutte des heiligen Antonius zur Verehrung aufbewahrt. Diese Kutte trug er bei seinem Sterben.

Der erhaltene Stimmapparat ist ein Wunder für sich. Die Zunge gehört in der Regel zu den Teilen des menschlichen Körpers, die nach dem Tod zuerst zerfallen. Es sind beinahe achthundert Jahre vergangen, doch der gesamte Stimmapparat spricht noch weiter mit seiner stummen und unversehrten Präsenz. Die nicht verweste Zunge will daran erinnern, dass der heilige Antonius mit diesem Stimmorgan viele Menschen zu Christus geführt hat.

Die Kinnreliquie ist in einem Reliquiar aufbewahrt, das eine Art Büste bildet und aus einer Glaskugel besteht. Kardinal Guy de Boulogne-sur-Mer stiftete es der Basilika, weil er Heilung durch das Fürbittgebet des heiligen Antonius erfahren hatte. Auch die Knorpel des Kehlkopfes, die die Schwingungen der Stimmbänder regulieren, zeugen von der Predigt des *Santo*.

Antonianische Heiligtümer in der Nähe und in der Ferne

- Camopsampiero

Camposampiero ist ungefähr zwanzig Kilometer von Padua entfernt. Es war die letzte Zufluchtsstätte des heiligen Antonius. Hier bereitete er sich, insbesondere in seiner Zelle auf dem Nussbaum, auf die endgültige Begegnung mit dem Herrn vor.

Um an den Aufenthalt des heiligen Antonius in Camposampiero zu erinnern, beherbergt der heutige Wallfahrtsort, eingebettet in ein Kapellchen, die Zelle der Vision des Jesuskindes und ein Oratorium des Nussbaums. In der Zelle der Vision ist auch eine Tafel zu sehen, die ihm als nächtliches Lager diente. Das Oratorium des Nussbaums steht an der Stelle, wo sich einst der Nussbaum erhob.

- Arcella

Arcella ist heute ein Stadtteil von Padua in Richtung Camposampiero. Zurzeit des heiligen Antonius wurde das Dorf Capo di Ponte genannt. Hier stand die Kirche *Santa Maria della Cella* in Anlehnung an das angebaute Klarissen- und Franziskanerkloster. Die Tradition berichtet, dass dieses Kloster von Franziskus selbst gegründet wurde, als er im Jahr 1220 vom Heiligen Land zurückkehrte und hier auf seinem Weg nach Assisi vorbeikam.

Der heilige Antonius kam das erste Mal im Jahr 1227 nach Arcella, als er Padua besuchte. Hier begegnete er Bruder Luca Belludi, der ihm in seinen letzten Jahren zur Seite stand. Wahrscheinlich lebte der Heilige hier eine Zeit lang und schrieb auch einige *Sermones* nieder. Danach begab er sich nach *Santa Maria Mater Domini* in Padua, wo sich heute die Basilika des heiligen Antonius erhebt. Hier wollte er auch sterben, doch er starb dann am 13. Juni 1231 in Arcella. Die Sterbezelle ist im Innern des Klosters der Brüder erhalten.

- Montepaolo

In Montepaolo bei Castrocaro (Forlì) war die Antoniusverehrung beinahe ausgelöscht. Im Jahr 1629 wurde Giacomo Paganelli, ein Adeliger aus Castrocaro, von einer schweren Krankheit durch ein Wunder des heiligen Antonius geheilt. Aus Dankbarkeit ließ er an dem Ort, an dem Antonius gelebt hatte, eine Votivkapelle errichten. Damit begannen die Wallfahrten und der Kult zu Ehren des Heiligen wieder. Im Jahr 1790 wurde die Antoniusgrotte restauriert, die Kapelle als Kirche vergrößert und daneben ein Haus gebaut, damit ein Priester dort wohnen konnte. Im Jahr

1868 kehrten die Franziskaner nach Montepaolo zurück. Die Zahl der Pilger hat seither nicht abgenommen.

- Brive-la-Gaillarde

Brive-la-Gaillarde ist das bedeutendste Antonianische Zentrum in Frankreich. Die Franziskaner haben im Anschluss an die Felsgrotte, in der Antonius gelebt hat, im Jahr 1330 eine Kapelle und eine kleine Einsiedelei zu Ehren des Heiligen errichtet. Trotz verschiedenster Schwierigkeiten im Laufe der Jahrhunderte hörten die Wallfahrten zur Antoniusgrotte nie auf.

Im Jahr 2005 wurde sie nach einer Renovierung wiederum den Gläubigen zugänglich gemacht. Seit dem Jahr 2007 gibt es daneben ein Gasthaus, das Pilger aufnimmt.

- Lissabon

In der Kathedrale von Lissabon, in der Antonius getauft wurde, ist ein Kreuz zu sehen, das nach der Überlieferung das Kind Fernando auf den Marmor gezeichnet habe, sodass der Teufel in die Flucht geschlagen wurde.

Bei der Kathedrale, wo einst das Wohnhaus der Familie des heiligen Antonius stand, ist eine Kirche errichtet worden. Papst Johannes Paul II. besuchte sie zum 750. Jahrestag der Heiligsprechung.

In der Kapelle des Klosters *São Vicente* de Fora , wo Antonius als Augustiner-Chorherr eingekleidet wurde, gibt es eine Grabinschrift in gotischer Schrift: *Hic iacet mater S. Antonii* („Hier ruht die Mutter des heiligen Antonius").

Ein Antoniuswunder im 20. Jahrhundert

Im Oktober 1991 ging folgende Schlagzeile durch die Medienwelt:

„Gestern, 10. Oktober, um 18.30 Uhr, kurz vor der Schließung der Basilika wurde das Reliquiar mit dem Kinn des heiligen Antonius geraubt. Dabei zertrümmerte einer der Täter mit einem Hammer den Schrein, während die beiden anderen die wenigen noch anwesenden Gläubigen und die Kustoden mit ihren Waffen bedrohten. Das Reliquiar mit der Zunge des Heiligen mussten sie wegen des ausgelösten Alarms zurücklassen. Vor der Kirche wartete ein weiterer Komplize in einem gestohlenen Wagen, in welchem den Tätern die Flucht gelang. Der Wert des geraubten Reliquiars ist unschätzbar."

Die Zeitungen im deutschen Sprachraum berichteten meist nur kurz und einmalig von diesem Ereignis. Die italienischen Zeitungen dagegen, auch solche, die der Kirche nicht besonders nahestehen, haben dieses tragische Thema immer wieder aufgenommen. Sie haben dazu auch eine Reihe von Theorien entwickelt, wer hinter dieser Tat stecken könnte. In der Basilika des heiligen Antonius in Padua und in anderen Ordenskirchen wurde täglich dafür gebetet, dass die gestohlene Reliquie bald und unversehrt zurückkommen möge. Wenige Tage vor dem Weihnachtsfest im Jahr 1991 kam dann die erlösende Nachricht vom Fund der kostbaren Antoniusreliquie.

Am Freitag, 20. Dezember 1991, läuteten um 11.00 Uhr alle Glocken der Basilika des heiligen Antonius. Die Reliquie war zurück. Wie ein Lauffeuer verbreitete sich die frohe Nachricht, dass die Reliquie wieder an ihrem angestammten Platz sei.

Der damalige Regierungschef Giulio Andreotti hatte höchstpersönlich den Generalminister der Franziskaner-Konventualen, in deren Besitz die wertvollen Antoniusreliquien sind, angerufen und ihm mitgeteilt, dass die gesuchte Reliquie in der Nähe des römischen Flughafens Fiumicino unversehrt aufgefunden worden sei. Am gleichen Nachmittag feierten die Brüder der Basilika eine Dankmesse am Grab des heiligen Antonius. Am vierten Adventssonntag wurde die Reliquie des Heiligen feierlich von Rom nach Padua gebracht.

Wenn man den Zeitungen glauben kann, war es ein Raub auf Bestellung: Anscheinend sollte das gestohlene Reliquiar an einen Kunstsammler in Südamerika gehen.

Die Geschichte des Fundes ist interessant: Mitglieder einer Roma-Familie machten das Reliquiar ausfindig. Die italienische Polizei sprach ihnen dafür ein großes Lob aus. Zu seinem Fest am 13. Juni kommen viele Sinti- und Roma-Familien zum *Santo* und beten an seinem Grabe, da sie ihn sehr verehren.

Ein Verantwortlicher einer Roma-Familie gab im Zusammenhang mit der Auffindung der Reliquie ein Interview. Er sagte unter anderem:

„Was immer man uns auch nachsagt, ein Zigeuner würde niemals eine Reliquie des heiligen Antonius stehlen. Für uns Zigeuner war es eine persönliche Beleidigung, dass man diese Reliquie gestohlen hat. Überall im Land haben wir unsere Ohren gespitzt, so konnten wir der Polizei den entscheidenden Hinweis geben."

Die Täter wurden nie gefasst. Dazu wird es wohl auch nie kommen. Aus einem Nebensatz des interviewten Zigeunerchefs konnte geschlossen werden, dass man den Kriminellen bewusst Zeit gelassen hatte, um zu verschwinden. Die Zigeuner befürchteten eine Rache an ihren Kindern.

In den Wintermonaten der Jahre 1992–93 kamen auffallend viele Pilger in die Reliquienkapelle des Heiligen, um sich an Ort und Stelle ein Bild von dem schlimmen Vorfall zu machen, der dann doch ein gutes Ende genommen hatte.

SCHLUSSGEDANKEN

Von einer frommen Italienerin wird berichtet, dass sie immer wieder zur Antoniusstatue ihrer Kirche ging und sich mit dem Heiligen gestikulierend unterhielt. Sie sprach aber nicht nur mit dem *Santo*, sondern wandte sich auch an das Jesuskind mit folgenden Worten: „Schon eine Zeit lang komme ich zum *Santo* und bitte ihn um eine Gnade, er erhört mich nicht. Ich bitte dich, liebes Jesuskind, geh nun du zu ihm und bitte ihn um diese Gnade!"[113]

Diese Anekdote spricht für sich. Die Antonius-Frömmigkeit ist so etwas wie ein Paradebeispiel für die Volksfrömmigkeit mit ihrer Glaubensstärke, aber manchmal auch mit abergläubischen Übertreibungen. Schon zu Lebzeiten von Antonius und ungebrochen nach seinem Tod suchten und suchen Menschen durch den *Santo* Hilfe bei Gott in ihren großen und kleinen Sorgen. Das eigentliche Wunder besteht darin, dass die Menschen noch nach gut achthundert Jahren Kontakt zu ihm suchen, ihn in verschiedenen Anliegen anrufen und bis zum heutigen Tag an sein Grab pilgern. Die Verehrung des heiligen Antonius ist so groß, dass sie nur von der Verehrung der Gottesmutter übertroffen wird.

---

[113] Patrizia Cattaneo, a.a.O., 5.

Die Menschen fühlen sich zu diesem lieben Freund hingezogen, der in den verschiedensten Nöten einfach hilft. Antonius ist ein Heiliger, der alles kann und für alle da ist. Das Vertrauen der Menschen in ihn und seine Hilfe ist sehr groß. Er ist wirklich ein Heiliger für alle!

Im 15. Jahrhundert wurde sein Kult vor allem durch die Predigt seines Mitbruders Bernhardin von Siena[114], einem Franziskaner-Observanten, verbreitet. Mit der Entdeckung Amerikas proklamierte man seine Verehrung sehr intensiv in der Neuen Welt. Es ist der Verdienst der Franziskaner, Kapuziner und Jesuiten, dass der Antonius-Kult sich so rasch in der Neuen Welt ausbreiten konnte.

Mit der Buchdruckkunst im 17. Jahrhundert wurden die verschiedensten Votivbilder und Gebetbücher zu Ehren des heiligen Antonius immer bekannter. Der Antonius-Kult fand damit immer größere Verbreitung.

Die unermüdliche Verkündigung des Evangeliums durch den *Santo* ist auf verschiedenartige Weise fruchtbar geworden. Denn er ist nicht nur der Wundertäter, sondern vor allem der Mann des Evangeliums. Alle, die zu ihm ihre Zuflucht nehmen, verweist er von sich weg auf Jesus Christus hin. Sicher ist er so populär ge-

---

[114] Bernhardin Albizechi, geboren 1380, Eintritt bei den Observanten-Franziskanern, großer Volksprediger in Italien und darüber hinaus. Er gilt zusammen mit dem heiligen Johannes von Capestran, Jakobus von der Mark (Giacomo della Marca))und Albert (Berdini) von Sarteano als eine der „vier Säulen der Observanz“. Er war ein großer Propagandist der Verehrung des Namens Jesu. Er starb im Jahr 1444 in Aquila.

worden, weil seine Christusverkündigung und seine karitative Hilfe immer Hand in Hand gingen.

Sein Grab quillt täglich über von den vielen Blumen der Spender, denen der heilige Antonius geholfen hat. Es liegen auch viele Briefe mit Bitten und Gebetsanliegen dort. Auch Fotos von Menschen, seien sie lebend oder verstorben, werden auf seine Ruhestätte gelegt.

Heute haben die Franziskaner-Konventualen von der Basilika des *Santo* eine Homepage eingerichtet. Dort kann man sich direkt an den Heiligen wenden, ihm eine Bitte oder einen Dank schreiben. Die Brüder legen dann das Geschriebene auf das Grab des heiligen Antonius: www.carosantantonio.it. In deutscher Sprache: www.lieberheiligerantonius.org.[115]

Auf einer Internetseite werden die Dankesschreiben und Gebetserhörungen publiziert. Gerade in diesen Briefen kommt oft das gute Herz der Menschen zum Ausdruck. Sie wenden sich für andere an den heiligen Antonius. Oft gehen diese Menschen kaum zur Kirche. Sie bitten den Heiligen und fühlen seine Nähe.

Gott möchte uns nahe sein in den Heiligen. All die Bittenden, die sich an den heiligen Antonius wenden, verlieren nicht viele Worte. Sie wissen aber, dass der Heilige mit dem Kind auf den Armen ihre Bitten an dieses himmlische Kind weiterleitet.

Heiliger Antonius, bitte für uns und unsere ganze Welt!

---

[115] Patrizia Cattaneo, a.a.O., 121.

ANHANG

Gebete

- Si quaeris miracula

Si quaeris miracula („Wenn du Wunderzeichen suchst"). Dieses Responsorium zu Ehren des heiligen Antonius von Padua wurde von Bruder Julian von Speyer OFM komponiert. Es ist ein Teil des sogenannten *Officium rhythmicum S. Antonii,* das 1233, zwei Jahre nach dem Tod des heiligen Antonius, entstand. Es wird vor allem an seinem Festtag und jeden Dienstag in der Basilika des heiligen Antonius von Padua und in vielen anderen Kirchen der Welt gesungen oder gebetet.

Lateinische Version

Si quaeris miracula,
mors, error, calamitas,
daemon, lepra fugiunt,
aegri surgunt sani.

Refrain:
Cedunt mare, vincula:
Membra resque perditas
petunt et accipiunt
iuvenes et cani.

Pereunt pericula,
cessat et necessitas:
Narrent hi qui sentiunt,
dicant Paduani.

Refrain:
Cedunt mare, vincula:
Membra resque perditas
petunt et accipiunt
iuvenes et cani.

Gloria Patri et Filio
et Spiritui Sancto.

Refrain:
Cedunt mare, vincula:
Membra resque perditas
petunt et accipiunt
iuvenes et cani.

Deutsche Version

Du fragst mich um die Wunder an,
die Gott durch St. Antonius getan?

Ihm weichen Aussatz, Unglücksfälle,
Tod, Irrtum, selbst die Macht der Hölle.
Und der Gesundheit hohes Glück
kehrt zu den Kranken schnell zurück.

Refrain:
Das Meer bleibt ruhig in dem Strand,
die Fesseln fallen von der Hand,
es heilen die verletzten Glieder,
verlor'ne Sachen kommen wieder.

Ihm singt der Jüngling und der Greis,
als seinem Helfer Dank und Preis.
Er rettet, wenn Gefahr uns droht,
er hilft Verlass'nen in der Not.

Es rühmen seine Wundergaben,
die seine Hilf' erfahren haben.
Ihn preist dankbar Padua,
das seiner Wunder viele sah.

Refrain:
Das Meer bleibt ruhig in dem Strand,
die Fesseln fallen von der Hand,
es heilen die verletzten Glieder,
verlor'ne Sachen kommen wieder.

Dem Vater auf dem Himmelsthron
mit seinem eingeborenen Sohn
und auch dem Geist der reinen Lehr'
sei Jubel, Preis und Dank und Ehr'.

Refrain:
Das Meer bleibt ruhig in dem Strand,
die Fesseln fallen von der Hand,
es heilen die verletzten Glieder,
verlor'ne Sachen kommen wieder.

- Ein Antoniusgebet aus der Basilika von Padua

Lieber heiliger Antonius, ich bin gekommen, um voller Vertrauen zu dir zu beten, weil ich weiß, dass du all jenen, die bedrückt sind, Trost zu spenden vermagst. Sei du mein Fürsprecher bei Gott, bitte du in meinem Namen den Vater der Barmherzigkeit um jene Gnade, derer ich besonders bedarf …

Ich weiß, dass mein Glaube schwach ist. Du hast die Tugend des Glaubens in einzigartiger Weise be-

sessen und auch in anderen erweckt mit deiner Predigt. So bringe denn auch meinen Glauben zu neuem Leben. Du hast dein Leben nach dem Evangelium geführt; hilf mir, mein Christentum besser und überzeugender zu leben, damit ich mich des Vaters im Himmel würdig erweise.

Heiliger Antonius, komm meiner Schwachheit zu Hilfe. Halte fern von mir jegliche Krankheit und alle Gefahren für Leib und Seele. Lehre mich, mein ganzes Vertrauen immer auf Gott zu setzen, besonders in den Augenblicken der Prüfung und des Leides.

Segne meine Arbeit, meine Familie und alle jene, die dich auf der ganzen Welt verehren und die auch geistig an deiner Grabstätte zu Padua anwesend sind.

Schenke ihnen allen eine große Liebe zu den Armen und Leidenden. Du, mein Beschützer, lass mir eine Antwort zuteilwerden auf mein Vertrauen, das ich immer auf deine Fürsprache bei Gott gesetzt habe. Amen.

- Gebet zur glorreichen Herrin

Dieses Gebet betete der heilige Antonius in seiner Sterbestunde. Es war sein Lieblingsgebet, das im sechsten Jahrhundert von Venanzio Fortunato geschaffen wurde.

Lateinische Version

*O gloriosa Domina,
excelsa super sidera,
qui te creavit provide,
lactas sacrato ubere.*

*Quod Eva tristis abstulit,
tu reddis almo germine;
intrent ut astra flebiles,
sternis benigna semitam.*

*Tu regis alti ianua
et porta lucis fulgida;
vitam data per Virginem,
gentes redemptae, plaudite.*

*Patri sit et Paraclito
tuoque Nato Gloria,
qui veste te mirabili
circumdederunt gratiae. Amen*

Deutsche Version

Du große Herrin, schönste Frau,
hoch über Sternen steht dein Thron.
Du trugst den Schöpfer, der dich schuf,
und nährtest ihn an deiner Brust.

Was Eva einst verloren sah,
gibst du im Sohne reich zurück.
Der Himmel öffnet sich in dir;
zur Heimkehr steht der Weg uns frei.

Du Pforte für den Königssohn,
des neuen Lichtes helles Tor,
in dir grüßt jauchzend alle Welt
das Leben, das du ihr geschenkt.

Herr Jesus, dir sei Ruhm und Preis,
Gott, den die Jungfrau uns gebar,
Lob auch dem Vater und dem Geist
durch alle Zeit und Ewigkeit. Amen.

• Gebet zur Königin des Himmels

Dieses Gebet wird dem heiligen Antonius zugeschrieben:

Unsere Königin, ruhmreiche Mutter des Herrn,
bitte für uns bei deinem Sohne,
dass unsere Herzen erfüllt werden
von göttlicher Gnade und himmlischer Weisheit,
damit wir, mit der Kraft von oben beschenkt,
in unserem Tugendstreben voranschreiten können.
Hilf uns, so zu leben, dass wir dereinst
die Glückseligkeit des Himmels erlangen.
Dies gewähre uns Jesus Christus, dein Sohn,
der dich über die Engel erhoben
und zur Königin gekrönt hat.
Ihm sei die Ehre und der Ruhm in alle Ewigkeit.
Amen.

• Gebet des heiligen Antonius zu Maria, dem Stern des Meeres

Dieses Gebet findet sich am Ende der Marienpredigten des Heiligen:

Wir bitten dich, unsere Herrin, unsere Hoffnung,
leuchte du uns Bedrängten
als Meeresstern auf dem stürmischen Meere.
Geleite uns zum sicheren Hafen.
Beschütze uns im Tode mit deiner Gegenwart,
damit wir in Sicherheit den Kerker des Leibes verlassen
und in Freude zur unaussprechlichen Wonne gelangen. Amen.[116]

[116] Sophronius Clasen, a.a.O, 144.

• Das Breve des heiligen Antonius – Bannspruch

Ende des 12. Jahrhunderts, als König Dionysius in Portugal regierte, lebte in Santarém eine Frau, die eine große Verehrerin des heiligen Antonius war. Fortwährend wurde sie vom Bösen gequält, sich das Leben zu nehmen. Eines Tages ging sie am Fluss Tejo entlang. Sie kam am Flussufer an einer Franziskanerkirche vorbei. Es war am 13. Juni. Die Frau trat ein und betete im Geist zum heiligen Antonius. Sie wurde vom Schlaf übermannt und sah im Traum den heiligen Antonius. Dieser überreichte ihr ein Pergament und sagte zu ihr: „Erheb dich und bewahre dieses Schriftstück sorgfältig auf. Durch dieses biblische Wort wirst du von teuflischen Versuchungen befreit." Als die Frau aufwachte, hat sie an ihrem Hals den Pergamentzettel mit der Inschrift aus der Apokalypse. *Ecce crucem* ... Die Versuchung war verschwunden, der Böse belästigte sie nicht mehr. Als König Dionysius durch ihren Mann von diesem Wunder erfuhr, erbat er sich diesen wundersamen Zettel. Er bewahrte ihn als Reliquie bei sich auf. Der Teufel bemächtigte sich in der Folgezeit wieder der oben erwähnten Frau. Durch Vermittlung der Franziskaner erhielt sie eine Abschrift des Gebetes. Als sie den Zettel mit dem Gebet wieder in den Händen hielt, war der Böse sogleich verbannt. Dieses Gebet wurde ab diesem Zeitpunkt weiter verbreitet.

Durch die Kürze dieses Befreiungsgebetes wird es *Breve* (lat. *brevis*, „kurz") genannt. Es geht hier nicht einfach um ein magisches Papier als vielmehr um die Kraft des Wortes Gottes, das wirklich befreien kann.

Lateinische Version

Ecce Crucem Domini!
Fugite, partes adversae!
Vicit Leo de tribu Iuda,
Radix David. Alleluia!

Deutsche Version

Seht das Kreuz des Herrn!
Weichet ihr Mächte des Bösen!
Gesiegt hat der Löwe aus dem Stamm Juda,
Wurzel Davids. Alleluja!

Kurze Ikonografie

Die Heiligen werden durch Attribute voneinander unterschieden. So gab man dem heiligen Apostel Petrus den Schlüssel, dem heiligen Apostel Paulus das Schwert. Maria Magdalena bekam als Beigabe ein Salbungsgefäß und die heilige Katharina von Alexandrien das Rad, auf dem sie gemartert wurde.

- Evangelienbuch

Das erste und älteste Attribut, mit dem man den heiligen Antonius darstellte, war das Evangelienbuch. Es ist ein Symbol der Weisheit. Ebenso ist es ein Ausdruck, dass der heilige Antonius das Wort Gottes liebte und aus ihm lebte. „Arche des Testamentes", „Schrein der Heiligen Schrift" wurde er genannt, weil er fast die ganze Heilige Schrift auswendig wusste. Antonius war ein großer und berühmter Prediger, der viele Menschen durch das Wort Gottes auf den richtigen Weg zurückbringen konnte. Das Evangelienbuch in der Hand ist auch ein Ausdruck dafür, dass er der erste Lehrer im Franziskanerorden war.

Antonius ist allerdings nicht der einzige Heilige, der mit dem Evangelienbuch dargestellt wird. Auch sein Ordensgründer ist oft mit der Bibel in der Hand zu sehen.

- Flamme und Herz

Das Evangelienbuch konnte auf die Dauer nicht ausreichen, den heiligen Antonius gut zu charakterisieren. Die Biografen berichten von seiner glühenden Liebe zu Christus und zu seiner Mutter Maria. Auch zeigte er eine große Liebe zu den Schwachen, Bedrückten und Armen. Zu Beginn seines franziskanischen Weges wollte er für seinen Herrn in die Mission ziehen, um dort das Wort Gottes den Ungläubigen zu verkünden und für seinen Herrn zu sterben. Flamme und Herz haben die gleiche symbolische Bedeutung: Der Heilige war von der Liebe zu Gott und den Mitmenschen entbrannt.

- Lilie

Ab dem 15. Jahrhundert kam ein weiteres Attribut hinzu, mit dem der heilige Antonius dargestellt wurde: die Lilie. Auch dieses Attribut ist nicht nur ihm zugeteilt. Es ist ein Ausdruck der Jungfräulichkeit, der Keuschheit und Reinheit.

Gerade in Oberitalien, wo der Heilige vorzüglich gewirkt hat, wurde er oft mit einer Lilie dargestellt. Nicht immer hält Antonius die Lilie in der Hand. Manchmal liegt sie auf seinem Zellentisch oder es steht ein Lilienstrauß beim Heiligen. Es gibt sogar Bilder, wo das Jesuskind die Lilie in seinen Händchen hält.

• Kreuz

Das Kreuz ist das Symbol der Erlösung. Auch das Kreuz ist ein Symbol des heiligen Antonius. Darüber hat er oft gepredigt, ist selbst in der Christusnachfolge den Weg des Kreuzes gegangen. Diese Darstellung ist nicht so häufig wie bei seinem Ordensgründer, dem heiligen Franziskus von Assisi, der ein besonderer Liebhaber des Kreuzes war.

• Jesuskind

All die aufgezählten Erkennungszeichen mussten letztlich vor dem Jesuskind zurücktreten, das ab dem 17. Jahrhundert zum wichtigsten Attribut des heiligen Antonius geworden ist. Es war ein besonders beliebtes Motiv im Barockzeitalter.

Das Jesuskind wird auf verschiedene Weisen mit dem heiligen Antonius abgebildet. Es erscheint ihm, während er ganz vertieft die Heilige Schrift meditiert oder kommt als winziges Kindlein aus der Heiligen Schrift hervor. Manchmal ist es die Gottesmutter, die ihm liebevoll ihr Söhnlein entgegenhält.

Auch mit diesem Motiv steht der heilige Antonius nicht allein. Von der seligen Helena Enselmini, die dem Heiligen sicher begegnet ist, wird berichtet, dass sie viele solche Erscheinungen hatte. Auch anderen Heiligen erschien das Jesuskind: dem heiligen Konrad von Offida, der heiligen Angela von Foligno, etwas später der heiligen Katharina von Bologna und dem heiligen Felix von Cantalice.

Beim heiligen Antonius geht diese Erscheinung auf das Ereignis von Camposampiero zurück. Eine andere Quelle verlegt sie nach Châteauneuf-la-Forêt bei Limoges.

Eine wesentliche Bedeutung haben seine *Predigtskizzen*. Dort kommt seine große Liebe zur Menschwerdung Gottes zum Ausdruck. Einen ganz wichtigen Satz hat der heilige Antonius hier geprägt: „Er kam zu dir, damit du zu ihm kämest."[117] Wir könnten ihn den Schlüsselsatz seiner Spiritualität nennen.

---

[117] Sophronius Clasen, a.a.O. 91.

Quellen

- Legenda assidua

Sie wird auch *Vita prima* oder „Urlegende“ genannt. Diese Legende ist der älteste Bericht über das Leben des heiligen Antonius, der bald nach seiner Heiligsprechung im Jahr 1232 von einem Mitbruder, dessen Name uns nicht bekannt ist, niedergeschrieben wurde. Das Wort *Legenda* wird hier als Fachausdruck betrachtet. Sie ist nicht im modernen Sinn als „erfundene Erzählung“ zu verstehen. *Assidua* wird sie genannt, weil sie auf beharrlichen (lat. assiduus, „beharrlich“) Wunsch der Mitbrüder entstanden ist. Diese Legende wurde wahrscheinlich in Eile verfasst, denn sie erwähnt nichts von der Tätigkeit des heiligen Antonius in Südfrankreich. Die Jahre 1222–23 werden übersprungen. Die Ereignisse des Heimgangs des Heiligen hingegen werden umfassend beschrieben, sodass man von einem Erlebnisbericht sprechen kann.

- Reimoffizium des Bruder Julian von Speyer

Sie wird auch die *Legenda secunda* genannt. Bruder Julian machte keine neuen Forschungen. Er fügte seine Vorlage straffer zusammen und gab ihr eine kunstvollere Form. Das Reimoffizium wurde für das Antoniusfest geschaffen. Bruder Julian verfasste seinen Bericht über das Leben des heiligen Antonius in den Jahren 1235 bis 1240.

Ein weiteres Werk trägt den Titel *Dialogus de vitis sanctorum Fratrum Minorum* („Dialog über das Leben heiliger Minderbrüder"). Dieses Werk enthält auch eine Antonius-Biografie. Es entstand um 1245.

- Bruder Raymundi a S. Romano

Bruder *Raymundi a S. Romano* überarbeitete die *Urlegende*. Sein Werk entstand 1293. Es trägt den Titel *Leben und Wunder des heiligen Antonius von Padua*. Der Autor übernahm nicht einfach die *Urlegende*, „sondern er polemisiert sogar gegen seine Vorlage, um menschliche Züge des Heiligen in ihr auszutilgen und seine Heiligkeit noch heller erstrahlen zu lassen"[118]. Bruder Raymond war vor allem an den Wundern des heiligen Antonius interessiert.

- Legenda Florentina

Sie ist eine Überarbeitung der *Assidua* und beinhaltet auch Elemente von Julian von Speyer. Sie ist eine Sammlung von Heiligen-Viten, vor allem von Heiligen aus der Toskana. Sie wurde aber um zehn Wunder erweitert. Darunter befindet sich die berühmte Fischpredigt von Rimini.

---

[118] Sophronius Clasen, a.a.O., 3.

• Legende von Bruder Johannes Rigaldus

Der Franziskaner Rigaldus war um 1317 Bischof von Tréguier. Er schöpfte ausgiebig aus der Legende von Bruder Julian. Ebenso nutzte er die übrigen Antonius-Viten.

Er berichtet erstmals über den Aufenthalt des heiligen Antonius in Südfrankreich. Wahrscheinlich entstand das Werk zwischen 1293 und 1317. Rigaldus berichtet viele Einzelheiten, die die anderen Autoren so nicht aufzeichnen. Er hat eine große Liebe für das Legendarische.

• Legende Benignitas

Wahrscheinlich wurde sie von einem Mitbruder aus dem Kreis der Spiritualen verfasst. Sein Werk basiert auf der *Urlegende* und auf der *Legenda secunda* von Julian von Speyer. Wahrscheinlich hat der Verfasser die Legende von Rigaldus nicht gekannt.

Der Antoniusspezialist Sophronius Clasen schreibt Folgendes: „Ihr historischer Wert ist gering, weil der Verfasser zwar neue, aber unkontrollierte Nachrichten bringt. In zwei Fällen lässt sich ihm ein offenbarer Irrtum nachweisen; als unhistorisch müssen wir den Bericht zurückweisen, dass sich Ezzelino von Verona auf die Predigt des Heiligen hin bekehrt habe und dass die Flagellantenbewegung in Italien von Antonius ins Leben gerufen wurde."[119]

---

[119] Sophronius Clasen, a.a.O., 5.

• Das Buch der Wunder – Liber miraculorum

Dieses Werk entstanden in den Jahren 1367 bis 1374. Der Autor übernahm vieles aus der *Legenda Benignitas*. In dieser Legende sind uns 65 Wunder überliefert, davon 24 Eigengut des *Liber miraculorum*. 13 davon werden in die Lebenszeit des Heiligen verlegt. Das Werk wollte den Wundertäter Antonius bereits bereits zu seiner Lebenszeit darstellen. Die meisten Wunder sind auf die Fürsprache des heiligen Antonius jedoch erst nach seinem Tod geschehen.

• Bruder Bartholomaeus Albizzi von Pisa

Die letzte Quelle aus dem 14. Jahrhundert stammt von Bruder Bartholomaeus Albizzi von Pisa. Er wird auch *Bartholomaeus Pisanus* genannt. Sein Werk entstand um das Jahr 1385, also in einer Zeit, in der schon viele Wunder über den heiligen Antonius berichtet wurden. Das Werk trägt den Titel *De confirmitate vitae beati Francisci ad vitam Domini Jesu* („Von der Gleichförmigkeit des Lebens des heiligen Franziskus mit dem Leben des Herrn Jesus").

Bruder Bartholomaeus „hat kritiklos alles zusammengetragen, was er nur irgendwie in Erfahrung bringen konnte. Für eine auf Echtheit angelegte Antonius-Biografie hat das Werk kaum einen Wert. Aber es zeigt, wie stark damals die Ranken des Legendären die wahre Gestalt des Heiligen zu umgeben und zu überwuchern begonnen hatten".[120]

„Die aufgezählten Werke des 13. und 14. Jahrhunderts haben einen zum Teil sehr stark unterschiedlichen Wert zur Erkenntnis der wahren geistlichen Gestalt und Bedeutung des heiligen Antonius. Sie lassen in ihrer Gesamtheit aber erkennen, welche Wandlungen Antonius in der Vorstellungswelt seiner Verehrer durchgemacht hat. Er hat sich gewandelt von der schlichten, für das Reich Gottes engagierten Gestalt eines Minderbruders hin zu dem nach seinem Tode hochberühmten Wundertäter. Und dieser Glanz, der ihn nach seinem Tode umstrahlte, musste doch für seine Verehrer auch schon bei seinen Lebzeiten sichtbar gewesen sein. Eben diesen Weg gingen die Legenden."[121]

Oft sind die Legenden des Heiligen übermalt worden. Nun wäre es falsch, solche „Übermalungen" einfach nur mit den strengen Kriterien moderner Geschichtsschreibung messen zu wollen. Die Legende will in erster Linie der Erbauung dienen. Darum passt sich die Legende dem Volk an, das das Sichtbare, Wahrnehmbare, Plastische allem Innerlichen vorzieht. Das Unsichtbare, Geistige wird in sinnlich wahrnehmbaren Wunderzeichen sichtbar gemacht. Problematisch könnte es allerdings werden, wenn dabei die echte Gestalt unter der Übermalung ver-

[120] Lothar Hardick, a.a.O., 188.
[121] Ebd., 188.

schwindet, wenn statt des Predigers und Lehrers Antonius nur noch der Wundertäter Antonius sichtbar würde.

Lebensdaten des heiligen Antonius von Padua

(1190 oder) 1195: Geburt von Fernando de Bulhões in Lissabon.

1201–1210: Besuch der Domschule in Lissabon.

1210: Eintritt bei den Augustiner-Chorherren in São Vicente bei Lissabon.

1212: Wechsel ins Kloster *Santa Cruz* nach Coimbra. Weiterführung der Studien.

1220: Übertritt zu den Franziskanern *Santo António dos Olivais* in Coimbra. Er nimmt den Namen „Antonius" an.

1220: Überfahrt nach Marokko. Bruder Philippus ist sein Reisegefährte, der ihn während seiner Erkrankung dort pflegt.

1221: Nach dem Schiffbruch gelangt er nach Messina, Sizilien. Die Mitbrüder dort nehmen ihn und seinen Gefährten Philippus auf.

Ende Mai 1221 nimmt Antonius am Generalkapitel in *Santa Maria degli Angeli* in Assisi teil. Danach wandert er mit Bruder Gratian, Provinzial der Romagna, zur Einsiedelei von Montepaolo. Hier lebt er ein Jahr lang ein zurückgezogenes Leben.

1222: Teilnahme an einer Priesterweihe in Forlì (eventuell selbst zum Priester geweiht). Er bekommt von seinen Oberen den Auftrag zum Predigtdienst.

1222–24: Predigtdienst in Oberitalien.

1223–24: Zum Lehrer der Theologie in Bologna bestellt. Er ist der erste Theologieprofessor des Franziskanerordens.

1224–1227: Predigtdienst in Frankreich: Montpellier, Toulouse und Limoges. Kustos der dortigen Brüder.

1227: Provinzial der Norditalienischen Provinz (Romagna).

1228: Aufenthalt in Mailand und Vercelli.

1229: Predigtdienst in der Mark Treviso. Abschluss der *Predigtskizzen zu den Sonntagspredigten* in Padua.

1230: Entlastung im Amt des Provinzials. Empfang bei Papst Gregor IX. in Rom zur Interpretation der Regel des Franziskaner-Ordens. Rückkehr nach Padua, Niederschrift der *Predigtskizzen zu den Heiligenfesten.*

1231: Fastenzeit: Tägliche Predigten sowie Beichtdienst. Danach erlässt die Stadt Padua ein Schuldner-Gesetz. Vergeblicher Versöhnungsgang zu Ezzelino nach Verona. Bis zu seinem Tod Einsiedler in Camposampiero.

13. Juni 1231: Tod im Kloster *Arcella* bei Padua.

17. Juni 1231: Beisetzung der sterblichen Überreste in der Kirche *Santa Maria Mater Domini* in Padua.

30. Mai 1232: Heiligsprechung in Spoleto nach kirchenrechtlich geordnetem Verfahren.

1263: Feierliche Überführung der Reliquien des heiligen Antonius in die neue Basilika. Es wird die unversehrte Zunge entdeckt.

16. Januar 1946: Ernennung zum Kirchenlehrer *(Doctor evangelicus)*.

Literaturverzeichnis

Andreas-Pazifikus Alkofer, *Antonius von Padua. Franziskaner auf Umwegen,* Würzburg 1994

Assidua, Das Leben des heiligen Antonius von einem Zeitgenossen erzählt, Würzburg 1985

Dieter Berg (Hrg.), Leohnhard Lehmann (Hrg.), *Franziskus-Quellen,* Kevelaer 2009.

Patrizia Cattaneo, *Antonio di Padova, Un amico tra cielo e terra,* Padova 2011

Sophronius Clasen, *Lehrer des Evangeliums,* Werl 1954

Costantino di Vico, *Luce nelle tenebre, Antonio di Padova,* II. Edizione 1972

Gottfried Egger OFM, *Bruder Franz und Schwester Klara,* Jestetten 2007

Gottfried Egger OFM, *Maria und die Franziskaner,* Jestetten 2010

René Fuchs OFM, *Zur Verehrung des heiligen Antonius von Padua in der Schweiz,* Näfels 1991, unveröffentlichte Schrift

Vergilio Gamboso, *Das Leben des heiligen Antonius,* Padua 1989, 9. Auflage

Lothar Hardick, *Er kam zu dir, damit du zu ihm kämest,* Werl 1986

Gertrud Herzog-Hauser, *Antonius von Padua,* Luzern 1947

Beda Kleinschmidt OFM, *Antonius von Padua,* Düsseldorf 1931

Leonhard Lehmann, *Das Erbe eines Armen, Franziskus-Schriften*, Kevelaer 2003
Ida Lüthold-Minder, *Antonius von Padua*, Udlingenswil 1993
Gabriel Meier, *Der heilige Antonius von Padua*, Einsiedeln 1883
Walter Nigg, *Antonius von Padua*, Freiburg 1981
Paolo Scandaletti, *Antonius von Padua*, Graz 1983
Erhard Schlund, *Antonius von Padua*, Wien 1931
Johannes Schneider, *Mariologische Gedanken in den Predigten des heiligen Antonius von Padua*, Werl 1984

Verzeichnis der Abbildungen

Fotonachweis

Seite 97: © Geom. Hermann Ambach
Seite 98: © Johannes Schinko
Seite 99: © Johannes Schinko
Seite 100: © Gisela Geirhos, Media Maria Verlag
Seite 100: © Gisela Geirhos, Media Maria Verlag

Philip Boyce OCD

Beten – mit John Henry Kardinal Newman

In der westlichen Gesellschaft spüren immer mehr Menschen, dass Reichtum und Wohlstand kein letztes Glück vermitteln können, weil sie die Sehnsucht des Herzens und die tieferen Probleme des Lebens nicht zu lösen vermögen.

Angesichts des geistigen Hungers vieler Menschen ist es wichtig, sich mit der Lehre und dem Leben der großen Meister des geistlichen Lebens zu beschäftigen und aus ihrer Erfahrung und ihrem Beispiel zu lernen.
Bischof Boyce aus Raphoe, Irland, stellt uns einige Aspekte des Gebetslebens und die herausragende Persönlichkeit von John Henry Kardinal Newman vor, der von vielen auch als „Kirchenvater der Neuzeit“ bezeichnet wird.

Gebunden, 64 Seiten
ISBN 978-3-9813003-8-3
€ 8,95

Peter Dyckhoff

In der Stille vor dir

Gebete

Peter Dyckhoffs Gebetbuch ist die Frucht jahrzehntelanger Beschäftigung mit den Quellen christlicher Spiritualität: von Basilius, Augustinus, Franziskus, Dominikus über die spanische Mystik von Teresa von Avila und Johannes vom Kreuz bis zu Thomas von Kempen.
Alle Gebete sind etwa 112 Stichworten zugeordnet, die unterschiedliche Anliegen und Lebenssituationen aufgreifen.
Die alphabetische Anordnung dieser Stichworte macht den Gebrauch des Gebetbuches sehr einfach.

Flexcover, 256 Seiten
10,5 x 15,5 cm
€ 12,95 (D), € 13,40 (A)
ISBN 978-3-9815698-0-3